Liebe Schülerin, lieber Schüler!

Dieses Heft unterstützt dich bei deiner **Vorbereitung auf Klassenarbeiten** im Fach Deutsch. Es beinhaltet Tests aus den Bereichen **Sprache untersuchen**, **Leseverständnis** und **Rechtschreiben**.

Zu den Teilen Sprache untersuchen und Rechtschreiben gibt es jeweils eine kleine Übersicht, in welcher du die wichtigsten Regeln und Inhalte nachschlagen kannst. So kannst du auch Aufgaben bearbeiten, die in der Schule noch nicht behandelt wurden.
Es folgen mehrere Tests zu verschiedenen Themenschwerpunkten. Jeden Test solltest du **selbstständig** und **am Stück** bearbeiten. Danach vergleichst du deine Antworten genau mit den Lösungen und zählst deine Punkte zusammen. Der in den Lösungen angegebene Notenschlüssel gibt dir eine Orientierung, wo du stehst. Wenn dir ein Thema schwerfiel, solltest du hierzu nochmals genauer üben. Übungsmaterial findest du zum Beispiel auch in den anderen Heften des Hauschka Verlags.

Wir wünschen dir viel Erfolg bei der Arbeit mit diesem Heft und hoffen, dass du dich damit gut auf deine Klassenarbeiten in der 3. Klasse vorbereiten kannst.

Liebe Eltern!

Sie haben dieses Heft gekauft, um ihr Kind gezielt auf Lernstandserhebungen der 3. Klasse vorzubereiten. Um eine möglichst realistische Prüfungssituation herzustellen, sollten Sie darauf achten, dass Ihr Kind während der Bearbeitung eines Tests **nicht gestört** wird. Außerdem sollte es am Stück und alleine arbeiten können. Helfen Sie Ihrem Kind auch beim Auszählen der Punkte. Hier ist natürlich ein gewisser Spielraum gegeben. Orientieren Sie sich am besten am geltenden Notenschlüssel der Schule Ihres Kindes.

Die einzelnen Lernstandserhebungen in den Bereichen Sprache untersuchen, Rechtschreiben und Lesen sind **nach bestimmten Themenschwerpunkten gegliedert**. Dies bietet Ihnen die Möglichkeit, sehr zielgerichtet den passenden Test für Ihr Kind auszuwählen. Trotzdem kann es natürlich sein, dass Ihr Kind bestimmte Aufgaben nicht lösen kann, da dieses Thema in der Schule noch nicht behandelt wurde. Sie sollten dann diese Aufgabe aus der Bewertung herausnehmen.
Mit Hilfe der **Regelübersicht** zu den Kapiteln Grammatik und Rechtschreiben kann Ihr Kind sich aber auch unbekannte oder aus der 2. Klasse nicht mehr präsente Inhalte aneignen und so versuchen, auch Aufgaben zu noch nicht behandelten Themen zu lösen oder sich gewisse Regeln noch einmal ins Gedächtnis zu rufen.

Die Arbeitszeit für die Tests liegt bei ungefähr 45 Minuten. Bei den Lesetests darf zusätzlich eine Lesezeit von 10-15 Minuten gegeben werden.
Einseitige Kurztests sollten maximal 30 Minuten dauern.

Wir wünschen Ihnen und Ihrem Kind viel Spaß und Erfolg mit der Arbeit in diesem Buch. Zur weiteren Übung bestimmter Bereiche finden Sie in unserem Verlag viele Lernhilfen. Schauen Sie doch einfach mal auf unsere Homepage: **www.hauschkaverlag.de**.

Grammatik (Sprache untersuchen)

Wortarten

Nomen (Namenwort)

Nomen (Namenwörter) erkennst du daran, dass du einen **Artikel** (Begleiter) und/oder ein **Adjektiv** (Wiewort) davorstellen kannst:

der Hund, **die** Rose, **das** Kind, **das** Gefühl, **ein** Lachen,
ein warmer Abend, **die duftenden** Blumen, **große** Angst, **kleine** Pause

Von den meisten Nomen gibt es eine **Einzahl** und eine **Mehrzahl.**

die Rose - die Rosen   das Geschenk - die Geschenke   der Stuhl - die Stühle

Nomen kann man auch an ihren Nachsilben erkennen:
-keit, **-heit**, **-ung**, **-nis**, **-tum**, **-schaft**

Sauber**keit**, Frei**heit**, Erkält**ung**, Zeug**nis**, Reich**tum**, Freund**schaft**

Man unterscheidet **konkrete** und **abstrakte** Nomen. **Konkrete Nomen** bezeichnen Menschen, Tiere, Pflanzen oder Dinge, die man sehen und/oder anfassen kann.

Mann, **Baby**, **Franz**, **Katze**, **Wellensittich**, **Gänseblümchen**, **Strauch**, **Fahrrad**, **Schrank**

Abstrakte Nomen bezeichnen Dinge, die man nicht sehen oder anfassen kann.
Meist sind es Gedanken oder Gefühle.

Liebe, **Unterstützung**, **Wut**, **Streit**, **Versprechen**, **Idee**, **Weihnachten**, **Geburtstag**

Artikel (Begleiter)

Es gibt **bestimmte Artikel** (der, die, das) und **unbestimmte Artikel** (ein, eine, ein).
Artikel stehen vor einem Nomen. Nur Nomen kann man Artikel zuordnen.
Der Artikel zeigt das **Geschlecht** eines Nomens an.

der Mann/**ein** Mann   **die** Frau/**eine** Frau   **das** Kind/**ein** Kind

Pronomen (Fürwort)

Pronomen (Fürwörter) können stellvertretend für Nomen stehen. Sie können diese in einem Satz ersetzen.
Wir unterscheiden **persönliche Fürwörter** (ich, du, er, sie, es, wir, ihr, sie) und **besitzanzeigende Fürwörter** (mein, dein, sein, ihr, unser, euer, ihr).

Peter fuhr mit dem Rad. **Er** wollte **seine** Oma besuchen.
Julia hat einen Hamster. Mit **ihrem** Hamster spielt **sie** gerne.

Pronomen können auch in anderen Formen im Satz vorkommen.

Ich grüße **dich**.   Ich finde **euch** nett.   Ich kann **ihm** nicht helfen.

Adjektiv (Wiewort)

Adjektive (Wiewörter) sagen, **wie** etwas oder jemand ist oder **wie** jemand etwas tut.

ein **alter** Krug Das Haus ist **neu**. Du läufst **schnell**.

Auch **Adjektive** kannst du an bestimmten **Endungen** erkennen.

-ig wichti**g** **-lich** herr**lich** **-isch** stürm**isch** **-haft** rätsel**haft**

Fast alle **Adjektive** kann man **steigern**.

Grundstufe	**Höherstufe**	**Höchststufe**
weit	weiter	am weitesten

Verb (Tunwort)

Verben (Tunwörter) sagen, was jemand tut. Man unterscheidet die **Grundform** (Infinitiv) und die **Personalformen** des Verbs.
Die Grundform eines Verbs hat immer die Endung -(**e**)**n**.

sprech**en**, mög**en**, spring**en**, blitz**en**, lispel**n**, murmel**n**

Die Personalformen geben an, **wer** etwas tut.
Du unterscheidest hier die Person sowie Einzahl und Mehrzahl.

	Einzahl (Singular)	**Mehrzahl** (Plural)
1. Person	ich rede	wir reden
2. Person	du redest	ihr redet
3. Person	er, sie, es redet	sie reden

Verben kommen in verschiedenen **Zeitformen** vor.
Die Zeitform eines Verbs zeigt an, **wann** etwas geschieht. Wir unterscheiden:

Die **Gegenwart** (Präsens):	ich **rede**	ich **laufe**
Die **1. Vergangenheit** (Präteritum):	ich **redete**	ich **lief**
Die **2. Vergangenheit** (Perfekt):	ich **habe geredet**	ich **bin gelaufen**

Wortfamilie und Wortfeld

Wörter, die einen gleichen oder ähnlichen Wortstamm haben, gehören zu einer **Wortfamilie**. Das bedeutet, es sind **verwandte Wörter**.

laufen: **lauf**end, Lang**lauf**, ge**lauf**en, **läuf**t, **Lauf**zeit, **Läuf**e, zer**lauf**en, **lauf**end, Ver**lauf**
springen: **Sprung**, Hoch**sprung**, zer**spring**en, **spring**end, **sprung**haft, **Spring**seil

Zu einem **Wortfeld** gehören dagegen Wörter, die eine **vergleichbare oder ähnliche Bedeutung** haben. Sie helfen in einem Text Wortwiederholungen zu vermeiden.

sprechen: nuscheln, reden, schreien, stottern, flüstern, antworten, fragen

Der Satz und seine Satzglieder

Satzarten

Wir unterscheiden **4 Arten** von Sätzen:

Der **Aussagesatz** (**Erzählsatz**) erzählt etwas oder teilt etwas mit.
Er endet mit einem **Punkt**.

Heute habe ich ein köstliches Pausenbrot dabei.
Mama hat mir auch einen Apfel mitgegeben.

Mit dem **Fragesatz** wird nach etwas gefragt, das man wissen will.
Er endet mit einem **Fragezeichen**.

Wollen wir heute etwas zusammen spielen**?** Worauf hast du Lust**?**

Der **Ausrufesatz** steht, wenn jemand etwas ausruft.
Am Ende steht ein **Ausrufezeichen**.

Das ist ja unglaublich toll**!** Stopp**!**

Der **Aufforderungssatz** oder **Befehlssatz** drückt eine Bitte oder eine nachdrückliche Aufforderung aus. Auch hier steht am Ende ein **Ausrufezeichen**.

Seid jetzt endlich leise**!** Gib das sofort wieder zurück**!**

Satzglieder

Ein Satz besteht aus verschiedenen **Satzgliedern**. Satzglieder können aus mehreren Wörtern bestehen. Es gibt mehrere Möglichkeiten, die Satzglieder herauszufinden.

Umstellprobe

Die Satzglieder eines Satzes kannst du herausfinden, indem du den Satz **umstellst**.
Die Wörter, die dabei immer zusammenbleiben, bilden ein Satzglied.

Meine Katze Minka frisst in der Küche.
In der Küche frisst meine Katze Minka.
Frisst meine Katze Minka in der Küche?

Weglassprobe

Satzglieder eines Satzes kannst du auch herausfinden, indem du einzelne von ihnen **weglässt**. Wörter, die du nur gemeinsam weglassen kannst, bilden ein Satzglied.

Unsere Freundin Emma zeigt mir und Elif in der großen Pause ihr Geheimversteck.
Unsere Freundin Emma zeigt mir und Elif --- ihr Geheimversteck.
Unsere Freundin Emma zeigt --- in der großen Pause ihr Geheimversteck.

Ersatzprobe

Bei der Ersatzprobe versuchst du längere Wortgruppen durch ein anderes Wort zu ersetzen. So erkennst du die Wörter, die zu einem Satzglied gehören.

Meine Freundin Emma fährt am kommenden Wochenende zu ihrer Oma Grete.
Sie geht morgen in die Schule.

Prädikat (Satzaussage) und Subjekt (Satzgegenstand)

Das **Prädikat** gibt an, **was geschieht** bzw. **was jemand tut**.
Es ist immer ein Verb (Tunwort).
Das **Subjekt** gibt an, **wer oder was** etwas tut.

Der Elefant trompetet. **Das bunte Laub raschelt.** **Mein Freund ruft.**

Das Prädikat kann auch aus zwei Teilen bestehen. Man sagt dazu zweiteiliges Prädikat.

Ich **muss** heute **aufpassen**. Du **hast** viel **gegessen**. Er **hört** gut **zu**.

Zeitangabe und Ortsangabe

Eine **Zeitangabe** gibt im Satz an, **wann** etwas passiert, **wie lange** etwas dauert oder **wie oft** etwas getan wird.

Morgen beginnt der Sommer. Dann scheint die Sonne **den ganzen Tag**.
Ich gehe **jeden Tag** ins Schwimmbad.

Eine **Ortsangabe** sagt, **wo** jemand oder etwas ist, **wohin** jemand oder etwas geht, **woher** jemand oder etwas kommt.

Wir sitzen **im Klassenzimmer**. Um 10:30 Uhr gehen wir **auf den Pausenhof**.
Steffi kommt **aus der Toilette**.

Die wörtliche Rede

Alles, was jemand sagt, fragt oder denkt, muss in **Redezeichen** gesetzt werden.
Der **Begleitsatz** kann vor oder nach der wörtlichen Rede stehen. Er gibt an, wer spricht.
Steht der Begleitsatz davor, machst du einen Doppelpunkt.
Achte darauf: Bei einem nachgestellten Begleitsatz entfällt der Punkt beim Satz der wörtlichen Rede.

Papa fragt: „Bist du aufgeregt?" Ich antworte: „Ein bisschen." Mama ruft: „Beeil dich!"

„Bist du aufgeregt?", fragt Papa. „Ein bisschen", antworte ich. „Beeil dich!", ruft Mama.

1. Nomen (Namenwort), Pronomen (Fürwort)

1 Kreuze alle richtigen Sätze an.

- ◯ Nomen schreibe ich immer groß.
- ◯ Nomen geben an, was jemand tut.
- ◯ Vor Nomen kann ich passende Artikel (Begleiter) setzen.
- ◯ Pronomen können Nomen ersetzen.
- ◯ Zu vielen Nomen gibt es eine Mehrzahl.
- ◯ Nomen bezeichnen immer Dinge/Personen, die ich anfassen kann.

☐ /3

2 Schreibe die Nomen mit Artikel (Begleiter) in der Mehrzahl auf.

der Pilz → ____ das Kind → ____

der Baum → ____ die Tanne → ____

☐ /2

3 Setze den passenden bestimmten Artikel vor die Nomen.

____ Eichhörnchen ____ Vater ____ Sonnenuhr

☐ /1,5

4 Setze den passenden unbestimmten Artikel vor die Nomen.

____ Höhle ____ Dach ____ Hilfe

☐ /1,5

5 Schreibe die Nomen in die Spalten zu dem passenden Oberbegriff.

Specht – Hass – Lehrerin – Freude – Luchs – Fichte – Ahorn – Angst – Regenwurm – Busch – Hausmeister – Polizistin

Gefühle	Tiere	Pflanzen	Berufe

☐ /6

▶ **Male nun die Felder, in denen abstrakte Nomen stehen, orange an. Was fällt dir auf?**

____

____

☐ /2

6 Hier ist alles mit Großbuchstaben geschrieben. Lies den Text und unterstreiche alle Personen/Namen rot, alle konkreten Nomen blau und alle abstrakten Nomen orange.

ALS LILLI UND MAX IHRE BEIDEN TESTBLÄTTER NEBENEINANDERLEGEN, ERKENNEN SIE, DASS SIE GLEICH VIELE PUNKTE HABEN. DIE BEIDEN FREUNDE LACHEN UND SAGEN: „DA KÖNNTE MAN JA FAST MEINEN, WIR HABEN ABGESCHRIEBEN.“ DAS MÄDCHEN SAGT: „JA, ABER WIR SIND EHRLICHE SCHÜLER.“ MAX MEINT: „ICH HATTE JA SCHON EIN BISSCHEN ANGST VOR DER KLASSENARBEIT, ABER JETZT IST MEINE FREUDE UMSO GRÖẞER.“ „JA“, MEINT LILLI, „UNSERE ANSTRENGUNGEN HABEN SICH GELOHNT.“

☐ /13

7 Lies den Text genau durch und unterstreiche an zwei Stellen das Wort, das Lilli durch den Begriff „den Deutschtest“ ersetzen muss.

Lilli kommt nachhause, in der letzten Stunde hatte sie Deutsch. Als sie die Wohnung betritt, ruft sie: „Ich habe ihn rausbekommen!“ Ihre Mutter versteht nicht und fragt: „Was denn?“ „Na ihn eben!“, freut sich Lilli und lässt ihre ratlose Mutter zurück.

☐ /1

8 Setze in die Lücken passende Pronomen (Fürwörter) ein. Achte auf Groß- und Kleinschreibung!

Als Lilli von der Schule nachhause kommt, ist ______ ganz aufgeregt.

Lilli freut sich, dass sie ______ Deutschtest endlich zurückbekommen hat.

Max ist Lillis bester Freund. ______ ist genauso aufgeregt wie ______.

Am Nachmittag kommen Lillis Oma und Opa zu Besuch. ______ Großeltern freuen sich mit ______ und loben Lilli: „______ sind sehr stolz auf ______, Lilli.“ Abends sagt Mama lachend zu ______ Tochter: „Jetzt weiß ______ auch, was ______ heute Mittag gemeint hast: ______ Deutschtest.“

☐ /12

Fertig? Dann überprüfe noch einmal deine Lösungen!

Von 42 Punkten hast du ______ erreicht.

2. Verben (Tunwörter) und ihre Zeitformen

1 Setze die Verben aus dem Kasten passend in der Gegenwart (Präsens) ein.

haben – aufstehen – mitkommen – sein – wollen – gehen – freuen – sein – haben

Heute ______ ich mich und ______ schnell aus meinem Bett ______. Es ______ nämlich der erste Ferientag und ich ______ viel vor. Nach dem Frühstück ______ ich mich mit meinem Freund Tim treffen. Wir ______ zusammen auf den neuen Abenteuerspielplatz unten am Fluss. Vielleicht ______ auch Sophie aus dem Nachbarhaus ______. Sie ______ so lustig und ______ immer die besten Ideen.

/9

2 Setze die Sätze in die angegebene Zeitform.

Auf dem Spielplatz **treffen** wir Sophie. (1. Vergangenheit)

______

Sie **hat** uns von ihrem Zoobesuch **erzählt**. (Gegenwart)

______

Wir **beschlossen** Tiereraten zu spielen. (2.Vergangenheit)

______

Sophie **beginnt** mit einem Elefanten. Das **ist** leicht! (1.Vergangenheit)

______

______

Ich **überlegte** mir ein neues Tier und **kroch** am Boden. (2.Vergangenheit)

______

______

Tim **hat** es schnell **erraten**: eine Schlange! (1.Vergangenheit)

______

/8

3 Male jeweils die passende Gegenwarts-, 1. Vergangenheits- und 2. Vergangenheitsform in derselben Farbe an.

schreibe | haben gerufen | liest | fuhr weg | hat gelesen
ist weggefahren | schrieb | hatten | rufen
las | bin gewesen | habe geschrieben | haben | war
bin | riefen | haben gehabt | fährt weg

/6

4 Bestimme die Zeit der Verben und ergänze die Grundform.

	Zeit	Grundform
ich lachte		
du bist gelaufen		
er warf		
wir fallen		
ihr aßt		
sie haben gegossen		

/6

5 Unterstreiche im Text alle Verben in der Gegenwart (Präsens) rot, in der 1. Vergangenheit (Präteritum) blau und in der 2. Vergangenheit (Perfekt) grün.

Sophie besucht heute ihre Oma. Als Sophie bei ihrer Großmutter angekommen ist, setzen sich beide gleich aufs Sofa und Oma erzählt: „Ich habe den Geschichten meiner Großmutter immer genauso gerne zugehört, wie du jetzt meinen lauschst. Es ist immer so spannend gewesen, wenn Oma von Zeiten erzählte, in denen es noch nicht einmal Autos gab. Auch hatten sie in den Häusern oft noch keine elektrischen Öfen oder warmes Wasser. Die Toiletten waren auf dem Gang oder standen sogar im Freien. Und Handys oder Computer hat es auch noch nicht gegeben. Stell dir das mal vor?“ Sophie staunt. Sie mag es, wenn Oma von vergangenen Zeiten berichtet.

/17

Von 46 Punkten hast du ______ erreicht.

Alles geschafft?
Dann kontrolliere noch
einmal deine Ergebnisse.

3. Wortarten, Wortfamilie/Wortfeld

1 Kreuze alle richtigen Sätze an.

- ◯ Adjektive kann man steigern und ich schreibe sie klein.
- ◯ Verben schreibe ich immer groß.
- ◯ Verben kann ich an verschiedene Personen anpassen und in Zeiten setzen.
- ◯ Mit Adjektiven kann ich Nomen meist genauer beschreiben.
- ◯ Zu Adjektiven gibt es immer einen Artikel.
- ◯ Es gibt abstrakte und konkrete Nomen.

☐ /3

2 Ergänze die Tabellen mit den richtigen Verbformen.

Grundform	Personalform	Grundform	Personalform
backen	er		sie schneidet
	ich hüpfe	liegen	wir
spazieren	ihr	streichen	du
rausreißen	er		es kocht

☐ /4

3 Damit es in deinen Texten keine Wiederholungen gibt, kannst du verschiedene Wörter aus einem Wortfeld benutzen. Finde zu jedem Wortfeld 4 Beispiele.

Wortfeld *gehen*	**Wortfeld** *sagen*

☐ /8

4 Unterstreiche im Text Nomen blau, Verben rot, Adjektive grün.

Die Tochter kommt nach ihrem Schultag müde nachhause. Sie schleicht leise mit einem traurigen Gesicht ins Wohnzimmer. Dort sitzt ihre Mama und fragt neugierig: „Und? Wie lief dein Tag denn so?“ Das kleine Mädchen schaut zu ihrer Mutter, zögert etwas und flüstert dann: „Er war wohl nicht so gut, denn ich muss morgen wieder hin.“

☐ /12

5 **Fülle die fehlenden Felder passend aus.**

Grundstufe	Höherstufe	Höchststufe
schön		
	lustiger	
groß		

/3

6 **Bilde aus den folgenden Wörtern Nomen.**

frei → ______ gefährlich → ______

heiter → ______ traurig → ______

/4

7 **Bilde aus den Nomen Adjektive.**

Wind → ______ Freund → ______

Punkt → ______ Geiz → ______

/4

8 **Male alle Wörter einer Wortfamilie in jeweils einer Farbe an.**

lesbar | läuft | duschte | Laufband | Duschkopf | lachender

Lacher | las | laufend | duscht | lachte | Leserin

/2

▶ **Schreibe die Wortstämme der oberen Wörter auf und finde jeweils noch zwei eigene Wörter zu den Wortfamilien.**

Wortstamm	zwei weitere Beispiele

/12

Von 52 Punkten hast du ______ erreicht.

4. Satzglieder: Subjekt und Prädikat

Arbeite ordentlich und konzentriert!
Falls du irgendwo nicht weiterweißt, sieh nochmal in der Regelübersicht auf den Seiten 2-5 nach. Viel Erfolg!

1 Die Satzglieder sind alle durcheinandergeraten. Bilde sinnvolle Sätze. Verwende die Subjekte der Reihe nach von oben nach unten.

Subjekt	Prädikat	Satzergänzung
Oma und Mario	sucht	in den Supermarkt.
Mario	gehen	ihm.
Die Verkäuferin	bezahlt	die Zuckerperlen.
Oma	hilft	mit einem 20-€-Schein.

/4

2 Wer tut was beim Keksebacken?
Bilde vier Sätze und schreibe sie in die Linien. Verändere die Verben passend.

Mario — holen — das Mehl.
hineinschütten — Milch und Mehl.
Oma — rühren — mit dem Löffel.
vermischen — die Zutaten.

/4

3 Stelle bei diesem Satz die Frage nach dem Subjekt und nach dem Prädikat. Unterstreiche das Subjekt blau und das Prädikat rot.

Oma knetet den Teig.

Frage nach Subjekt: __________

Frage nach Prädikat: __________ /3

4 Stelle die Satzglieder um. Schreibe vier verschiedene Sätze auf.

Mario	legt	die Kekse	jetzt	auf das Blech.

____

____

____

____

____

____

/6

▶ **Unterstreiche in allen Sätzen das Subjekt blau und das Prädikat rot.**

5 Kreise im folgenden Satz die einzelnen Satzglieder ein.

Nach 20 Minuten holt Oma vorsichtig die heißen Kekse aus dem Ofen. /6

6 Ergänze die folgenden Sätze um je zwei Satzglieder.

Mario und Oma backen __________

Mario singt __________ /4

7 Unterstreiche in den Sätzen alle Subjekte blau und alle Prädikate rot.

Am nächsten Tag laden Oma und Mario gleich Mama und Papa ein. Gemeinsam essen sie die selbstgebackenen Kekse. Am liebsten mag Mario die Sterne mit den Zuckerperlen drauf. Einige Kekse hat Oma aber auch in dunkle Schokolade getaucht. Für Mama, Papa und Mario wartet schon eine große Keksdose für zuhause. /10

Von 37 Punkten hast du _____ erreicht.

5. Satzglieder: Zeitangabe und Ortsangabe

1 **Stelle den Satz zweimal so um, dass sein Sinn erhalten bleibt. Kreise die Satzglieder jeweils ein.**

Das kleine Mädchen sucht seinen roten Ball unter dem Bett.

/6

2 **Kürze den Satz um so viele Satzglieder wie möglich. Er muss aber noch einen Sinn ergeben. Streiche durch.**

Marco schreibt heute hastig mit seinem neuen, grünen Füller an einer spannenden Geschichte in seinem Deutschheft.

/1

3 **Sind diese Sätze alle vollständig? Ergänze fehlende Satzglieder und schreibe den vollständigen Satz darunter. Mache einen Haken hinter Sätze, die vollständig sind.**

Meine Mutter kocht heute Spaghetti.

sind mein Lieblingsessen.

Es duftet schon köstlich aus der Küche.

Papa streut am liebsten darüber.

essen Spaghetti meistens nur mit der Gabel.

/5

4 **Stelle die passenden Fragen zu diesen Orts- und Zeitangaben.**

gestern		eine Stunde lang	
unter dem Schrank		nach Italien	
im Schwimmbad		zwei Mal täglich	

/6

5 **Verbinde die Zeitangaben mit dem passenden restlichen Satz.**

Bis zum Februar ●	● beginnt der Unterricht.
Um acht Uhr ●	● dauert mein Skikurs.
Mindestens zwei Minuten lang ●	● habe ich Balletttraining.
Jeden Mittwoch ●	● soll man Zähne putzen.

☐ /4

6 **Ergänze jeden Satz durch eine passende Zeitangabe.**

__________ schien die Sonne noch so schön.

__________ regnet es.

Juhu, Freitag! Magst du __________ zu mir zum Spielen kommen?

☐ /3

7 **Ergänze jeden Satz durch eine passende Ortsangabe.**

__________ ist dein Radiergummi.

Ich habe ihn __________ gefunden.

Ich lese meine Bücher am liebsten __________.

☐ /3

8 **Unterstreiche in den Sätzen alle Subjekte blau, alle Prädikate rot, alle Zeitangaben grau und alle Ortsangaben braun.**

Meine Freundin Anni wohnt seit einem Jahr gegenüber.
Nach der Schule gehen wir oft gemeinsam nachhause.
In zwei Wochen beginnen die Ferien.
Danach kommen wir in die 4. Klasse.

☐ /16

Von 44 Punkten hast du ______ erreicht.

Fertig? Dann kontrolliere noch einmal genau!

6. Satzarten

1 Setze die richtigen Satzzeichen ein: ., !, ?.

Wo ist deine Katze ___ Max, da bist du ja ___ Ich esse gerne Spaghetti ___

Räum sofort dein Zimmer auf ___ Du bist wirklich gut in Deutsch ___ /5

2 Bilde aus folgenden Wörtern die vorgegebene Satzart.

sprechen – heute – Klara – mit der Lehrerin

Fragesatz:

Aufforderungssatz:

Aussagesatz/Erzählsatz:

/3

3 Ordne die Sätze richtig und ergänze das passende Satzzeichen. Schreibe dahinter, um welche Satzart es sich handelt.

sofort – Gib – her – Stift – wieder – meinen

Fritz – Wohin – Ball – den – wirft

Alija – Geburtstag – gefeiert – Gestern – hat

heute – kommt – Wann – nachhause – Papa

/8

4 **Hier sind die Satzzeichen verschwunden. Entscheide trotzdem, was dies für Sätze sind. Male in der passenden Farbe an:**
Fragesatz grün, Aussagesatz/Erzählsatz blau, Ausruf/Aufforderung rot.

Wie lange kannst du die Luft anhalten

Meine Schwester mag Pizza

Stopp, bleib stehen

Magst du morgen mit mir spielen

In zwei Wochen sind Ferien

Hör sofort auf, mich zu ärgern

/6

5 **Schreibe die Sätze der Satzschlange ab und ergänze die passenden Satzzeichen.**

Wie ist ein Jahr aufgeteilt Ein Jahr hat zwölf Monate und meistens 365 Tage Jeder Tag hat 24 Stunden Eine Stunde hat wiederum 60 Minuten Hey Hast du Lust auszurechnen, wie viele Minuten ein Tag hat

/6

6 **Verändere die Satzart der folgenden Sätze.**

Jan geht in sein Zimmer.

Iss dein Brot auf!

/2

7 **Schreibe zwei passende Aufforderungssätze zu der unten beschriebenen Situation auf.**

Die Lehrerin sieht, wie sich Mark aus dem Fenster lehnt.

/2

Von 32 Punkten hast du _____ erreicht.

7. Wörtliche Rede

1 Unterstreiche die Redebegleitsätze grün, die wörtlichen Reden rot.

Die Lehrerin fragt die drei neuen Erstklässler nach ihren Namen: „Wie heißt du?" Die erste Schülerin antwortet: „Hanna." Dazu meint die Lehrerin: „Nein, das heißt Johanna." Sie schaut das nächste Kind an und fragt: „Und du?" „Hannes", erwidert der zweite Erstklässler. Darauf ermahnt die Lehrerin auch ihn: „Falsch, das heißt Johannes. Und du?" Da meint der dritte Erstklässler: „JOkurt, Frau Lehrerin."

/7

2 Was sagt die Tierärztin? Setze die wörtlichen Reden richtig ein und ergänze die passenden Redezeichen.

Nein. Gib ihm diese Tropfen in sein Futter und in 5 Tagen ist alles wieder in Ordnung.
Ich schau ihn mir gleich mal an.
Nichts zu danken. Auf Wiedersehen und grüß deine Eltern.
Hallo Marie, hallo Struppi! Was kann ich für euch tun?

Marie sagt ____ Guten Tag, Frau Doktor Tierlieb. ____

Die Tierärztin antwortet: ____

Marie berichtet ____ Struppis Nase läuft dauernd. Ich glaube, er ist krank. ____

Frau Doktor Tierlieb sagt: ____

Marie macht sich Sorgen ____ Geht es Struppi sehr schlecht? ____

Frau Dr. Tierlieb beruhigt sie: ____

Marie erwidert ____ Oh, da bin ich aber erleichtert! Ja, das mache ich. Vielen Dank, Frau Dr. Tierlieb! ____

Die Tierärztin gibt Marie die Hand und sagt: ____

/12

3 Setze die passenden Satz- und Redezeichen ein: „ ., !, ?, :, „“.

Amelie ruft ______ Vorsicht ______ Da ist ein Loch im Boden ______
______ O nein ______ Jetzt ist meine Hose dreckig ______ schimpft Stefan.
Viola fragt ______ War die Hose neu ______
______ Ja ______ leider ______ jammert Stefan.
______ Ist doch nicht so schlimm ______ Die Hose kann man doch waschen ______
tröstet Viola ihn.

☐ /7

4 Bilde passende Begleitsätze.

____

„Hallo Sanny, schön, dass du wieder da bist!“

____

„Mama, mir ist was ganz Dummes passiert!“

____

„Was ist denn los? Du weinst ja!“

____

„Ich bin auf dem Heimweg über einen Stein gestolpert und hingefallen und jetzt tut mein Knie ganz weh.“

____

„Jetzt setz dich erstmal hin. Ich schau mir das Knie an und du wirst sehen, bald tut es nicht mehr weh.“

☐ /5

5 Stelle im folgenden Satz den Begleitsatz an den Anfang.

„Ich gehe jetzt ins Bett“, gähnt Sanny müde.

____

☐ /2

Von 33 Punkten hast du ______ erreicht.

Fertig?
Dann überprüfe nochmals
genau deine Lösungen.

8. Fit für die 4. Klasse?

1 Schreibe die Sätze in den angegebenen Zeitformen auf.

Johanna spielt am liebsten Uno.

1. Vergangenheit (Präteritum):

2. Vergangenheit (Perfekt):

Am Nachmittag hat Johanna gegen ihren Papa verloren.

Gegenwart (Präsens):

1. Vergangenheit (Präteritum):

/4

2 Bestimme die Wortarten der unterstrichenen Wörter.

Wenn es Johanna <u>langweilig</u> ist, holt <u>sie</u> gerne ihre <u>Malsachen</u> raus. Wenn <u>schönes</u> Wetter ist, geht sie raus auf den Spielplatz oder <u>trifft</u> sich mit ihren Freundinnen im Park. Aber wenn Mama und Papa da sind, spielt Johanna am liebsten Uno mit <u>den</u> beiden.

langweilig ______ sie ______

Malsachen ______ schönes ______

trifft ______ den ______

/6

3 Bilde aus den Nomen mit Hilfe von Nachsilben Adjektive und schreibe sie auf.

Angst → ______ Trauer → ______

Gefahr → ______ Ekel → ______

/4

4 Bilde aus den Adjektiven Nomen und schreibe sie auf.

gesund → ______ nah → ______

flüssig → ______ müde → ______

/4

5 Setze alle fehlenden Satz- und Redezeichen ein.

_____ Papa, hast du geschummelt _____ fragt Johanna empört _____

Papa antwortet _____ Nein, wie kommst du denn darauf _____ Ich habe einfach nur Glück _____

_____ Hat dir dein Glück etwa zweimal dieselbe Karte von einer Farbe gebracht _____ fragt Johanna zweifelnd _____

☐ /4,5

6 Trage jeweils ein Wort aus der gleichen Wortfamilie ein:

Nomen (Namenwort)	Verb (Tunwort)	Adjektiv (Wiewort)
die Farbe		
	hoffen	

☐ /4

7 Schreibe die Nomen in der Mehrzahl auf.

der Boden → ☐ das Herz → ☐

der Strauch → ☐ die Wanne → ☐

☐ /4

8 Setze den passenden bestimmten Artikel (Begleiter) vor die Nomen.

☐ Bürste ☐ Kater ☐ Liebe

☐ /1,5

9 Unterstreiche in den Sätzen die Satzglieder:
Subjekt blau, Prädikat rot, Zeitangabe grau und Ortsangabe braun.

Heute passt Oma auf Johanna auf.
Stundenlang spielen die beiden im Kinderzimmer Uno.
Abends liegt Oma mit Johanna im Bett und liest eine lange Geschichte vor.

☐ /6

Von 38 Punkten hast du _____ erreicht.

Überprüfe deine Antworten noch einmal genau und verbessere, wenn nötig.

9. Fit für die 4. Klasse?

1 Setze in die Lücken passende Pronomen (Fürwörter) ein.

Morgen ist ein großer Tag für Felix. [ ] wird mit seiner Klasse ins Schullandheim fahren. Felix ist schon sehr aufgeregt. Zusammen mit seiner Mama packt er [ ] Koffer.

Mama fragt: „Hast [ ] auch an [ ] Zahnbürste und die Handtücher gedacht? Und welchen Schlafanzug sollen wir einpacken?“ Felix überlegt: „Hmm, ich glaube, [ ] nehme den grünen mit den Sternen. Und meine Taschenlampe darf ich nicht vergessen! Kannst [ ] mir bitte noch neue Batterien dafür geben?“

[ ] /6

2 Untersteiche alle abstrakten Nomen.

Korb	Durst	Papier	Traubensaft	Wasser	Hass	Geruch
Kinder	Haus	Freiheit	Freundschaft	Flamme	Sonne	Wolke

[ ] /5

3 Bilde mit diesen Wörtern drei Sätze mit jeweils verschiedenen Satzarten. Eventuell musst du Wörter auch verändern.

Felix – basteln – Kastanien – mit

[ ]

[ ]

[ ]

[ ] /3

4 Finde je 3 Wörter zum Wortfeld essen.

[ ]

[ ] /3

5 Unterstreiche in den folgenden Sätzen alle Nomen blau, alle Verben rot und alle Adjektive grün.

Am späten Abend ist Felix unruhig. Mama macht ihm eine heiße Milch mit Honig. Papa beruhigt ihn: „Du hast mit Sicherheit großen Spaß!“

[ ] /8

6 Bestimme die Zeitstufe der Verben und ergänze die Grundform.

	Zeitstufe	Grundform
ich schrieb		
du bist gegangen		
er log		
wir gehören		
ihr spracht		
sie haben geworfen		

/6

7 Unterstreiche in den Sätzen die Subjekte blau, die Prädikate rot, die Zeitangaben grau und die Ortsangaben braun.

Um 8 Uhr steigen die Kinder in den Bus.
Im Schullandheim sucht Felix zuerst sein Zimmer.
Mittags essen alle Kinder im Speisesaal.
Am zweiten Tag macht die ganze Klasse eine Nachtwanderung ins Moor.

/8

8 Bilde aus den Nomen mit Hilfe von Nachsilben Adjektive und schreibe sie auf.

Tag → ______ Herr → ______
Nebel → ______ Mut → ______

/4

9 Adjektive kann man steigern. Fülle die fehlenden Felder passend.

Grundstufe	Höherstufe	______stufe
gut		am besten
	fröhlicher	
winzig		
	kühler	

/4

Von 47 Punkten hast du ______ erreicht.

10. Sachtext

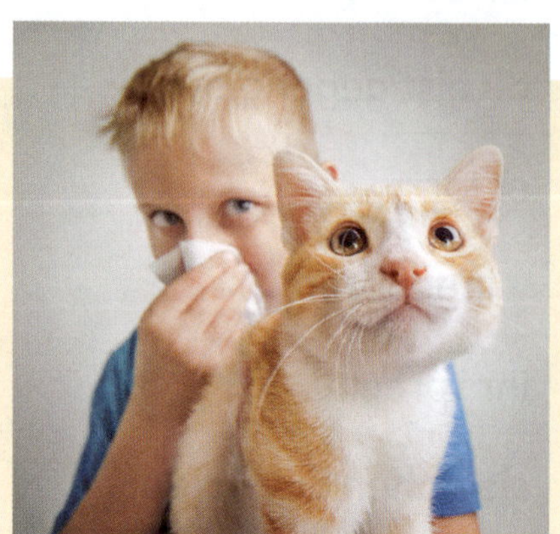

Allergien gegen Tiere

Wenn der Körper überempfindlich auf Stoffe reagiert, nennen wir das eine Allergie. Menschen können auf Nahrungsmittel, Pollen, aber auch auf Tiere allergisch reagieren, zum Beispiel auf Katzen, Meerschweinchen und Pferde. Dann jucken die Augen, die Nase läuft oder man bekommt einen Hautausschlag.

Die meisten Menschen sprechen von einer „Tierhaarallergie“. Aber es sind nicht die Tierhaare, die eine allergische Reaktion auslösen, sondern es sind vielmehr die Stoffe im Speichel, Schweiß oder Urin der Tiere. Für Katzenallergiker ist es darum ganz egal, ob eine Katze lange oder kurze Haare hat. Etwa jeder Zehnte ist auf Tiere allergisch, die meisten Menschen davon auf Katzen.
Dabei gibt es oft große Unterschiede: Tränen die Augen bei Nachbars Katze extrem, kann man Omas Mieze vielleicht problemlos streicheln. Etwas seltener sind Allergien auf Meerschweinchen, Kaninchen und Hunde. Labradore erzeugen weniger Allergien als andere Hunderassen und Weibchen seltener als Rüden. Züchter versuchen, extra Rassen zu züchten, die weniger Allergien auslösen. Oft hat man eine Tierallergie nicht von Geburt an, sondern sie kommt irgendwann, oft trifft es Tierbesitzer oder Züchter.

Was aber kann man gegen eine Tierallergie tun? Zunächst sollte man sein Tier nicht ins Schlafzimmer lassen, wenn man plötzlich auf sein Haustier allergisch reagiert. So kann sich der Körper über Nacht erholen. Auch kann es helfen, vor dem Schlafen noch mal schnell unter die Dusche zu springen. Die Kleidung sollte man außerhalb des Zimmers lagern. Außerdem ist es besser, Tiere, wie Hasen oder Meerschweinchen auf dem Balkon oder der Terrasse zu halten.

Wenn das alles nichts hilft und man regelmäßig Allergie-Tabletten schlucken müsste, sollte man sein geliebtes Haustier in gute Hände abgeben, vielleicht an Freunde, bei denen man es regelmäßig besuchen kann. Nach einer längeren Pause kann eine Allergie auch überraschend wieder besser werden. Ansonsten ist man mit Fischen oder Schildkröten vor einer Allergie sicher, auch wenn diese natürlich nicht so kuschelig wie Katzen oder Hunde sind.

Seit einiger Zeit haben Ärzte aber auch noch ein anderes Mittel gegen Allergien gefunden, man nennt es „Hyposensibilisierung“. Hierbei werden die Stoffe, die die Allergie auslösen, über längere Zeit immer wieder dem Körper in geringer Konzentration verabreicht und so „lernt“ das Immunsystem des Körpers nach und nach damit umzugehen und reagiert nicht mehr allergisch.

1 **Unterstreiche grün, wie du eine Allergie bemerken könntest.** /1

2 **Wie viele Menschen sind ungefähr auf Tiere allergisch?** /1

◯ jeder Mensch ◯ jeder Zweite ◯ jeder Zehnte ◯ jeder Fünfzigste

3 **Warum ist die Bezeichnung Tierhaarallergie eigentlich falsch?**

____

______________________________ /2

4 **Was versuchen Züchter gegen Allergien zu tun? Nenne auch die Zeilen, in der du die Antwort gefunden hast.**

____

____

(Z. ______) /2

5 **Was kannst du gegen eine Allergie tun?**

◯ Im Schlafzimmer nie lüften.
◯ Vor dem Schlafen duschen.
◯ Das Haustier in deinem Kleiderschrank schlafen lassen.
◯ Hasen- oder Meerschweinchen-Käfige auf Balkon oder Terrasse stellen.
◯ Das Tier weggeben, wenn es gar nicht anders geht.
◯ Deinem Haustier Kleidung anziehen. /3

6 **Gegen welche Tiere gibt es keine Allergien? Schreibe einen ganzen Satz und nenne die entsprechenden Zeilen.**

____

______________________________ (Z. ______) /2

7 **Unterstreiche nur die Erklärung für das Wort „Hyposensibilisierung" rot.** /1

Von 12 Punkten hast du ______ erreicht.

11. Gedicht

Der Mann von Schnee

Schneemann dort am Gartenzaune
Hat gar eine üble Laune.
Steht er da voll Trutz und Groll,
Weiß nicht, was er reden soll.
Und die Sonne blinkt und blitzt,
Dass er wie ein Kranker schwitzt.
Weil der Himmel ist so blau,
Ärgert er sich braun und grau;
Weil die Wiesen werden grün,
Ärgert er sich schmal und dünn.

Schneemann ist in großer Not,
Denn es winkt ihm schon der Tod.
Noch ein Schnapper, noch ein Schnauf
Und er steht nicht wieder auf.
Kommen dann die schwarzen Raben,
Seine Leiche zu begraben.
Und Schneeglöcklein will vor Freuden,
Ihm die Sterbeglocke läuten.
Und die Lerch' vor allen Dingen
Ihm ein Schlummerliedchen singen.

Aber wo ist er zu finden?
Vornen nicht, und auch nicht hinten.
Freilich, weil ihm ganz zerbrochen
An der Sonne seine Knochen,
Weil zu Wasser er zerronnen
An dem Glanz der goldnen Sonnen.
Kommt der Storch dazu geflogen,
Und die Schwalbe hergezogen,
Fragen nach dem toten Mann,
Niemand von ihm sagen kann.

Wälzt der Storch mit seinem Bein
An den Zaun hin einen Stein;
Und die Schwalbe mit dem Schnabel
Schreibt darauf die ganze Fabel:
Hier liegt Einer, der im Leben,
Weiter keinen Taug gegeben;
Der sich faul und sehr verstockt,
Lebenslang daher gehockt;
Und damit er doch nicht länger
Bleiben soll ein Müßiggänger,
Und ein Griesgram und ein Hasser,
Schmolz der Frühling ihn zu Wasser;
Und damit will er begießen
All' die Blumen auf den Wiesen,
Dass sie weiß und gelb und grün
Euch zur Lust und Freude blüh'n.

Friedrich Wilhelm Güll

1 **Finde das Reimwort zu „zerbrochen" im Text und unterstreiche es.** ☐ /1

2 **Warum schwitzt der Schneemann in dem Gedicht?**

____

____________________ ☐ /2

3 **Wer ist Friedrich Wilhelm Güll?**

____________________ ☐ /1

4 **Finde diese Zeilen in dem Gedicht und unterstreiche sie in der entsprechenden Farbe.**

An dem Glanz der goldnen Sonnen.

Noch ein Schnapper, noch ein Schnauf

All' die Blumen auf den Wiesen,

/3

5 **In Zeile 22 steht das Wort „vornen“. Was bedeutet dieses Wort?**

/1

6 **In dem Gedicht kommen viele Farben vor. Kreise alle ein, die du finden kannst.**

/4,5

7 **Was glaubst du? Ist das Gedicht „Der Mann von Schnee“ schon älter oder wurde es erst vor kurzer Zeit geschrieben? Begründe deine Antwort.**

/2

8 **Zu welcher Jahreszeit spielt das Gedicht?**

/1

9 **Finde alle Vögel im Text und schreibe sie auf.**

/4

10 **Was hat der Schneemann mit den weißen, gelben und grünen Blumen zu tun? Erkläre!**

/2

Von 21,5 Punkten hast du ______ erreicht.

Fertig? Überprüfe nochmals deine Antworten.

12. Sachtext

Achterbahnen: Ein aufregendes Erlebnis

Die größte Achterbahn Deutschlands ist der Silver Star. Er steht im Europa-Park Rust in der Nähe von Freiburg in Baden-Württemberg.

Der Silver Star ist 1.620 Meter lang, wird bis zu 130 Stundenkilometer schnell. Gleich zu Beginn geht esauf den höchsten Punkt 73 Meter in die Luft. Von hier oben nimmt der Zug seine Geschwindigkeit dann mit bis in den Bahnhof, ohne zwischendurch noch zusätzlich angetrieben zu werden. Der Silver Star verfügt über drei Züge mit je 36 Sitzplätzen. Mitfahren darf leider nur, wer mindestens 11 Jahre alt und 140 cm groß ist. Damit die schnelle Fahrt nicht gefährlich wird, ist Sicherheit sehr wichtig. Regelmäßig wird alles kontrolliert: die Räder, die Bremsbeläge aus Messing, die Haltebügel und so weiter.

Eine Achterbahn sollte mindestens 25 Jahre fahren. Bei guter Wartung fahren sie aber auch noch länger. Jeden Morgen, noch bevor die Fahrgäste kommen, wird der Silver Star gewartet. Der erste Fahrgast des Tages ist immer der Sicherheitsingenieur. Er macht jeden Morgen eine Probefahrt. Außerdem wird jedes Jahr die gesamte Stahlkonstruktion überprüft. Jede einzelne der über 10.000 Schrauben hat eine farbige Markierung. So kann man sie systematisch überprüfen und rechtzeitig sehen, ob sich eine der Schrauben gelockert hat.

Beim Achterbahnbau muss man die Gesetze der Physik beachten. Damit kein Fahrgast herauspurzelt, darf die Achterbahn nicht zu langsam fahren. Gegen ein Herausfallen schützen aber natürlich auch die Haltebügel.

Ein Achterbahnwagen muss leicht, aber sehr stabil sein. Es ist ein Metallgestell mit einer Außenhaut aus glasfaserverstärktem Kunststoff. Manchmal sind Achterbahnwagen auch wie kleine Boote. Das ist dann eine sogenannte Wildwasserbahn. Da kann es bei einer Fahrt auch durchaus mal nass werden.

Stefan Zwanzger hat das Achterbahnfahren nicht nur als Hobby, sondern er hat seine Leidenschaft sogar zu seinem Beruf gemacht. Er hat inzwischen über 320 Vergnügungsparks in 144 Ländern besucht und dort die Bahnen ausprobiert. Wo er schon überall war und was für verrückte Fahrgeschäfte dort zu finden sind, berichtet er immer auf seiner Internetseite www.thethemeparkguy.com. Hier erzählt er auch von Achterbahnen, die so schnell fahren wie ein Formel-1-Auto, nämlich über 240 Stundenkilometer, oder einer Achterbahn, in der man im Dunkeln in das Reich einer Mumie fährt. Ganz schön gruselig, oder?

Allerdings muss es ja nicht immer die höchste oder schnellste Achterbahn sein. Im Erlebnispark Steinau steht seit über 20 Jahren „Erlis Seifenkiste“, die angeblich kleinste Achterbahn der Welt. Sie steht auf einer Grundfläche, die 6,70 m lang und 3,95 m breit ist. Auf ungefähr 20 Meter Schienen fahren Kinder von drei bis sechs Jahren. Diese Bahn kann von den Kindern unter erwachsener Aufsicht sogar selbst bedient werden.

Wusstest du, dass die allerersten Achterbahnen, oder zumindest ihre Vorläufer ursprünglich in Russland standen? Allerdings konnte man diese Bahnen noch nicht wirklich als Achterbahnen bezeichnen, da sie eher eisige Rutschbahnen waren. Schon im 16. Jahrhundert übergoss man dort Rutschen auf 20 Meter hohen Gerüsten mit Wasser und rutschte diese vereisten Bahnen herunter.

Egal ob bloß mit Fellen auf dem Po, auf Schlitten oder Schlittschuhen, das Rutschen auf diesen Bahnen war alles andere als ungefährlich, weil man durch das Eis sehr hohe Geschwindigkeiten erreichte. Da diese Attraktionen aber trotzdem oder vielleicht auch gerade deswegen so beliebt waren, erfand man eine sommertaugliche Version mit Rollen.

Die erste offizielle Achterbahn, wie wir sie heute in Westeuropa kennen, wurde 1817 in Frankreich eröffnet.

Lies dir nun die erste Frage
auf der nächsten Seite genau durch.
Überlege, was gefragt ist und in welchem
Abschnitt des Textes du die Antwort auf die
Frage findest. Lies nun diesen Abschnitt nochmals
aufmerksam durch!
Beantworte danach die Frage so genau wie möglich.
Mach es mit den weiteren Fragen genauso.

1 **Kreuze die richtigen Sätze an.**

- ◯ Die größte Achterbahn Deutschlands steht in Rust.
- ◯ Die größte Achterbahn heißt Golden Star.
- ◯ Jeden Morgen darf der Sicherheitsingenieur Achterbahn fahren.
- ◯ Ein Achterbahnwagen muss schwer und stabil sein.
- ◯ Manche Wagen sind gebaut wie kleine Boote.
- ◯ Achterbahnen gibt es nur in Deutschland und Russland.

/3

2 **Unterstreiche überall den Namen der höchsten Achterbahn Deutschlands.**

/1

3 **Ergänze den folgenden Satz. In welchem Abschnitt findest du die Antwort? Gib die Zeilen an.**

Der Silver Star hat ____ Züge, die jeweils ____ Sitzplätze haben. Um mitfahren zu dürfen, muss man ____ cm groß und mindestens ____ Jahre alt sein.
(Z. ______)

/3

4 **Was wird bei Achterbahnen regelmäßig überprüft?**

/5

5 **Erkläre, wie ein Achterbahnwagen aufgebaut ist.**

/2

6 **Womit verdient Stefan Zwanzger sein Geld?**

/2

7 **Wie schnell kann ein Formel-1-Auto ungefähr fahren? Gib die Zeile an.**

/2

8 **Wer kann die kleinste Achterbahn bedienen?**

/1

9 **Unterstreiche, wo und wann die erste Achterbahn in Westeuropa stand blau.** /1

10 **Welche Wörter fehlen? Suche den Satz im Text und schreibe den ganzen Satz nochmals richtig auf.**

Allerdings konnte man diese Bahnen noch nicht als Achterbahnen bezeichnen, da sie eher Rutschbahnen waren.

/2

11 **Streiche alle falschen Behauptungen durch.**

Die längste Achterbahn ist 20 Meter lang.

Es gibt Achterbahnen, die über 200 Stundenkilometer schnell fahren.

Kenntnisse über Physik sind wichtig, um eine Achterbahn zu bauen.

Der Europapark Rust liegt in Bayern. /2

12 **Erkläre, warum die allerersten Achterbahnen nur ein Vergnügen für den Winter waren.**

/2

Von 26 Punkten hast du ______ erreicht.

13. Erzähltext

Die Schildbürger

Kennst du die Schildbürger? Vor ungefähr 500 Jahren wurden die Geschichten dieser Bürger der Stadt „Schilda“ aufgeschrieben. Da die Schildbürger als besonders klug galten, holten sie die Könige aus der ganzen Welt an ihren Hof, um sie als Ratgeber zu beschäftigen. So kam es, dass bald kaum jemand mehr in Schilda wohnte. Daher überlegten sich die schlauen Bewohner einen Trick, um in ihrer Stadt bleiben zu können.

Die Schildbürger taten von dem Tag an so, als ob sie dumm wären und nahmen alles wörtlich. So kam es, dass bald niemand mehr von Schilda fort zu einem König ziehen musste. Und die Schildbürger wurden für ihre Dummheit berühmt.
Eine sehr bekannte Schildbürgergeschichte kannst du hier lesen.

Das neue Rathaus

Einst beschlossen die Bürger der kleinen Stadt Schilda ein Rathaus zu bauen. Ein ganz besonderes sollte es sein, denn ihr Architekt hatte schon den Schiefen Turm von Pisa erbaut. Und nun erhoffte man sich in Schilda ein ähnlich schönes Gebäude. Dreieckig sollte es sein, nicht zuletzt deshalb, weil man die Besucher in Scharen anlocken wollte.

Fleißig schichteten die Männer Stein um Stein aufeinander. Binnen kürzester Zeit war das Bauwerk vollendet und die Ratsherren zogen mit all ihren Tischen, Bänken und Akten ein. Eine feierliche Eröffnung folgte, doch siehe da: es mehrten sich die Stimmen, dass es im neuen Rathaus doch fürchterlich dunkel sei.
Die Schildbürger mussten gar nicht lange nachdenken, um die Lösung zu finden. „Ei“, sagte einer von ihnen, „Licht ist doch ein Element wie Wasser. Lasst es uns mit Eimern in das Rathaus tragen.“ Gesagt, getan. Schon zogen Männer, Frauen und Kinder mit allem aus, in dem man etwas transportieren konnte: Eimer, Säcke, Schubkarren und vieles mehr wurde schließlich – voll gestopft mit Licht – im Rathaus entleert. Doch es half nichts. Das neue Haus blieb dunkel.

„Merkwürdig“, sagten die Schildbürger und verstanden die Welt nicht mehr. „Lasst uns doch einfach das Dach abdecken“, bemerkte schließlich einer von ihnen nach einer ganzen Weile. „Eine prima Idee“, waren auch die anderen schnell begeistert und begannen gleich die Dachpfannen zu entfernen. Nun konnten die Beamten arbeiten, hatten bestes Licht – und niemand beschwerte sich mehr.
Erst als der Sommer langsam zu Ende ging und die Herbststürme aufbrausten, wurde die Arbeit in dem neuen Rathaus unangenehm. Denn es regnete stets auf die Akten, die dann bald noch einmal geschrieben werden mussten.
Ganz zum Erliegen kam die Tätigkeit aber, als der Winter ins Land zog und mit ihm die dicken Schneeflocken. Nun konnte in dem neuen Rathaus niemand mehr arbeiten.

Und so wurde das Dach wieder mit den alten Pfannen eingedeckt. Zwangsläufig wurde es in den Räumen stockfinster, das kannte man ja schon.

Eines Morgens aber rief ein besonders fleißiger Beamter aus: „Wir haben beim Bau des Rathauses die Fenster vergessen." Alle Schildbürger kamen schnell herbeigelaufen. Nun erkannten auch sie ihren Fehler.

Und genau deshalb wurde das Rathaus von Schilda berühmt – und nicht, weil es dreieckig gebaut worden war.

aus www.lesekorb.de, © labbe.de

Beantworte nun die Fragen auf den nächsten beiden Seiten. Falls du bei einer Aufgabe mal keine Antwort weißt, dann lass dich nicht aus der Ruhe bringen. Beantworte zunächst die anderen Fragen und nimm dir ganz zum Schluss die schwierige Frage noch einmal vor.

1 **Wie alt sind die Geschichten der Schildbürger?**

______ /1

2 **Waren die Schildbürger immer so dumm? Erkläre!**

______

______ /2

3 **Was wollten die Schildbürger in ihrer Stadt bauen und welche Form sollte es haben?**

______

______ /2

4 **In welchen Zeilen findest du den Ausdruck „die Besucher in Scharen anlocken"?**

Z. ______ /1

5 **Was bedeutet der Satz „... weil man die Besucher in Scharen anlocken wollte"? Kreuze die richtige Antwort an.**

- ◯ Man wollte, dass die Besucher besonders schnell kommen.
- ◯ Man wollte, dass möglichst viele Besucher in die Stadt kommen.
- ◯ Man wollte, dass die Besucher aus fremden Ländern kommen. /1

6 **Finde diese Sätze in der Geschichte und unterstreiche sie in der passenden Farbe.**

Einst beschlossen die Bürger der kleinen Stadt Schilda ein Rathaus zu bauen.

Fleißig schichteten die Männer Stein um Stein aufeinander.

Erst als der Sommer langsam zu Ende ging und die Herbststürme aufbrausten, wurde die Arbeit in dem neuen Rathaus unangenehm. /3

7 **Finde im Text Wörter, die dasselbe bedeuten. Gib die Zeilen an.**

fürchterlich dunkel ______ (Z. ______)

Arbeit ______ (Z. ______) /2

283

Tests in Deutsch

Lernzielkontrollen 3. Klasse

Lösungen

Dieser Lösungsteil ist herausnehmbar!
Klammern in der Mitte des Heftes öffnen!

1. Nomen (Namenwort), Pronomen (Fürwort)

1 Für jede richtig angekreuzte bzw. nicht angekreuzte Aussage gibt es einen 1/2 P.

- [x] Nomen schreibe ich immer groß.
- [ ] Nomen geben an, was jemand tut.
- [x] Vor Nomen kann ich passende Artikel (Begleiter) setzen.
- [x] Pronomen können Nomen ersetzen.
- [x] Zu vielen Nomen gibt es eine Mehrzahl.
- [ ] Nomen bezeichnen immer Dinge/Personen, die ich anfassen kann.

2 der Pilz → **die Pilze** das Kind → **die Kinder**
der Baum → **die Bäume** die Tanne → **die Tannen**

3 **das** Eichhörnchen **der** Vater **die** Sonnenuhr

4 **eine** Höhle **ein** Dach **eine** Hilfe

5

Gefühle	Tiere	Pflanzen	Berufe
Hass	**Specht**	**Fichte**	**Lehrerin**
Freude	**Luchs**	**Ahorn**	**Hausmeister**
Angst	**Regenwurm**	**Busch**	**Polizistin**

Es gibt 1P, wenn du die ganze Spalte angemalt hast, und 1P für die richtige Erklärung.

Alle **abstrakten Nomen** sind in der **Spalte Gefühle**, da Gefühle **immer** abstrakte Nomen sind.

6 ALS LILLI UND MAX IHRE BEIDEN TESTBLÄTTER NEBENEINANDERLEGEN, ERKENNEN SIE, DASS SIE GLEICH VIELE PUNKTE HABEN. DIE BEIDEN FREUNDE LACHEN UND SAGEN: „DA KÖNNTE MAN JA FAST MEINEN, WIR HABEN ABGESCHRIEBEN." DAS MÄDCHEN SAGT: „JA, ABER WIR SIND EHRLICHE SCHÜLER." MAX MEINT: „ICH HATTE JA SCHON EIN BISSCHEN ANGST VOR DER KLASSENARBEIT, ABER JETZT IST MEINE FREUDE UMSO GRÖßER." „JA", MEINT LILLI, „UNSERE ANSTRENGUNGEN HABEN SICH GELOHNT."

7 Lilli kommt nachhause, in der letzten Stunde hatte sie Deutsch. Als sie die Wohnung betritt, ruft sie: „Ich habe **ihn** rausbekommen!" Ihre Mutter versteht nicht und fragt: „Was denn?" „Na **ihn** eben!", freut sich Lilli und lässt ihre ratlose Mutter zurück.

8 Hast du auf die Groß- und Kleinschreibung geachtet?

Als Lilli von der Schule nachhause kommt, ist **sie** ganz aufgeregt. Lilli freut sich, dass sie **ihren** Deutschtest endlich zurückbekommen hat. Max ist Lillis bester Freund. **Er** ist genauso aufgeregt wie **sie**. Am Nachmittag kommen Lillis Oma und Opa zu Besuch. **Ihre** Großeltern freuen sich mit **ihr** und loben Lilli: „**Wir** sind sehr stolz auf **dich**, Lilli." Abends sagt Mama lachend zu **ihrer** Tochter: „Jetzt weiß **ich** auch, was **du** heute Mittag gemeint hast: **deinen** Deutschtest."

Punkte	42-39,5	39-34,5	34-28	27,5-21	20,5-13	12,5-0
Note	1	2	3	4	5	6

2. Verben (Tunwörter) und ihre Zeitformen

1 Heute **freue** ich mich und **stehe** schnell aus meinem Bett **auf**. Es **ist** nämlich der erste Ferientag und ich **habe** viel vor. Nach dem Frühstück **will** ich mich mit meinem Freund Tim treffen. Wir **gehen** zusammen auf den neuen Abenteuerspielplatz unten am Fluss. Vielleicht **kommt** auch Sophie aus dem Nachbarhaus **mit**. Sie **ist** so lustig und **hat** immer die besten Ideen.

2 Auf dem Spielplatz **trafen** wir Sophie. (1. Vergangenheit)
Sie **erzählt** uns von ihrem Zoobesuch. (Gegenwart)
Wir **haben beschlossen** Tiereraten zu spielen. (2. Vergangenheit)
Sophie **begann** mit einem Elefanten. Das **war** leicht! (1. Vergangenheit)
Ich **habe** mir ein neues Tier **überlegt** und **bin** am Boden **gekrochen**. (2. Vergangenheit)
Tim **erriet** es schnell: eine Schlange! (1. Vergangenheit)

3
schreibe | haben gerufen | liest | fuhr weg | hat gelesen
ist weggefahren | schrieb | hatten | rufen
las | bin gewesen | habe geschrieben | haben | war
bin | riefen | haben gehabt | fährt weg

4

	Zeit	Grundform
ich lachte	**1. Vergangenheit**	**lachen**
du bist gelaufen	**2. Vergangenheit**	**laufen**
er warf	**1. Vergangenheit**	**werfen**
wir fallen	**Gegenwart**	**fallen**
ihr aßt	**1. Vergangenheit**	**essen**
sie haben gegossen	**2. Vergangenheit**	**gießen**

5 Hast du auf die zweiteiligen Verben geachtet? Ziehe dir einen 1/2 P ab, falls ein Teil fehlt.

Sophie besucht heute ihre Oma. Als Sophie bei ihrer Großmutter angekommen ist, setzen sich beide gleich aufs Sofa und Oma erzählt: „Ich habe den Geschichten meiner Großmutter immer genauso gerne zugehört, wie du jetzt meinen lauschst. Es ist immer so spannend gewesen, wenn Oma von Zeiten erzählte, in denen es noch nicht einmal Autos gab. Auch hatten sie in den Häusern oft noch keine elektrischen Öfen oder warmes Wasser. Die Toiletten waren auf dem Gang oder standen sogar im Freien. Und Handys oder Computer hat es auch noch nicht gegeben. Stell dir das mal vor?" Sophie staunt. Sie mag es, wenn Oma von vergangenen Zeiten berichtet.

Punkte	46-43,5	43-37	36,5-31	30,5-23	22,5-14	13,5-0
Note	1	2	3	4	5	6

3. Wortarten, Wortfamilie/Wortfeld

1 Für jede richtig angekreuzte bzw. nicht angekreuzte Aussage gibt es einen 1/2 P.

- [x] Adjektive kann man steigern und ich schreibe sie klein.
- [ ] Verben schreibe ich immer groß.
- [x] Verben kann ich an verschiedene Personen anpassen und in Zeiten setzen.
- [x] Mit Adjektiven kann ich Nomen meist genauer beschreiben.
- [ ] Zu Adjektiven gibt es immer einen Artikel.
- [x] Es gibt abstrakte und konkrete Nomen.

2

Grundform	Personalform
backen	er **backt (bäckt)**
hüpfen	ich hüpfe
spazieren	ihr **spaziert**
rausreißen	er **reißt raus**

Grundform	Personalform
schneiden	sie schneidet
liegen	wir **liegen**
streichen	du **streichst**
kochen	es kocht

3 Hier ein paar Beispiele. Hast du andere Wörter gefunden, die eine ähnliche Bedeutung haben?

Wortfeld *gehen*	**Wortfeld** *sagen*
laufen, eilen, hasten, schlendern,	rufen, befehlen, antworten, bitten,
rennen, trotten, marschieren, humpeln,	flüstern, sprechen, reden, schreien,
schleichen, wandern, spazieren, sausen,	murmeln, rufen, brüllen, erzählen,
stapfen, schreiten, stolzieren ...	fragen, erwidern, stammeln ...

4 Die Tochter kommt nach ihrem Schultag müde nachhause. Sie schleicht leise mit einem traurigen Gesicht ins Wohnzimmer. Dort sitzt ihre Mama und fragt neugierig: „Und? Wie lief dein Tag denn so?“ Das kleine Mädchen schaut zu ihrer Mutter, zögert etwas und flüstert dann: „Er war wohl nicht so gut, denn ich muss morgen wieder hin.“

5

Grundstufe	Höherstufe	Höchststufe
schön	**schöner**	**am schönsten**
lustig	lustiger	**am lustigsten**
groß	**größer**	**am größten**

6 frei → **Freiheit** gefährlich → **Gefahr (Gefährdung)**
heiter → **Heiterkeit** traurig → **Trauer (Traurigkeit)**

7 Wind → **windig** Freund → **freundlich**
Punkt → **pünktlich** Geiz → **geizig**

8 Für jede Wortgruppe gibt es einen 1/2 P.

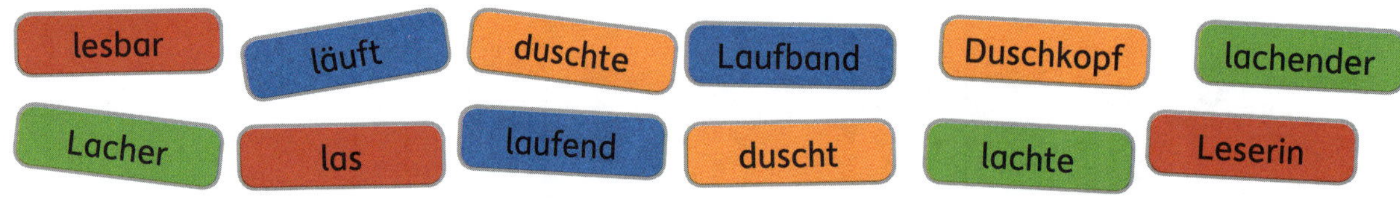

Hier ein paar Beispiele, vielleicht hast du auch andere Wörter gefunden.
Für den richtigen Wortstamm und für jedes passende Beispiel gibt es je 1P.

Wortstamm	zwei weitere Beispiele
les	**Lesung, Lesebuch, Lesezeichen, vorlesen, durchlesen, leserlich**
lach (läch)	**Gelächter, Lachanfall, Lachsack, auslachen, lachhaft, lächerlich**
lauf (läuf)	**Läuferin, Laufrad, Laufband, weglaufen, verlaufen, geläufig**
dusch	**Dusche, Duschgel, Duschkabine, abduschen, geduscht**

Punkte	**52-48,5**	**48-42**	**41,5-35**	**34,5-26**	**25,5-16**	**15,5-0**
Note	**1**	**2**	**3**	**4**	**5**	**6**

4. Satzglieder: Subjekt und Prädikat

1 Oma und Mario gehen in den Supermarkt.
Mario sucht die Zuckerperlen.
Die Verkäuferin hilft ihm.
Oma bezahlt mit einem 20-€-Schein.

2 Mario **holt** das Mehl.
Mario **schüttet** Milch und Mehl **hinein**.
Oma **rührt** mit dem Löffel.
Oma **vermischt** die Zutaten.

3 Oma knetet den Teig.

Frage nach Subjekt: **Wer** knetet den Teig?
Frage nach Prädikat: **Was tut** Oma?

Jede richtige Frage = 1P
Jede richtige Unterstreichung = 1/2P

4 Für jede richtige Umstellung gibt es 1P. Außerdem gibt es insgesamt 2P, wenn du in **jedem** Satz das Subjekt und das Prädikat richtig unterstrichen hast. Hier 4 Beispielsätze:

Jetzt legt Mario die Kekse auf das Blech.
Die Kekse legt Mario jetzt auf das Blech.
Auf das Blech legt Mario jetzt die Kekse.
Legt Mario jetzt die Kekse auf das Blech?

5 Nach 20 Minuten | holt | Oma | vorsichtig | die heißen Kekse | aus dem Ofen.

6 Diese Sätze sind nur Beispiele. Es gibt natürlich viele weitere Möglichkeiten.

Mario und Oma backen **heute** **Kekse**.
Mario singt **für Oma** **ein schönes Lied**.
Mario und Oma backen **in der Küche** **einen Kuchen**.
Mario singt **jeden Tag** **unter der Dusche**.

7 Hast du auf die zweiteiligen Prädikate geachtet? Ziehe dir einen 1/2P ab, falls ein Teil fehlt.

Am nächsten Tag laden Oma und Mario gleich Mama und Papa ein. Gemeinsam essen sie die selbstgebackenen Kekse. Am liebsten mag Mario die Sterne mit den Zuckerperlen drauf. Einige Kekse hat Oma aber auch in dunkle Schokolade getaucht. Für Mama, Papa und Mario wartet schon eine große Keksdose für zuhause.

Punkte	**37-35**	**34,5-30**	**29,5-25**	**24,5-18,5**	**18-11**	**10,5-0**
Note	**1**	**2**	**3**	**4**	**5**	**6**

5. Satzglieder: Zeitangabe und Ortsangabe

1 Für jeden richtig umgestellten Satz gibt es 1P. Hast du die Satzglieder in beiden Sätzen eingekreist? Für jedes richtig eingekreiste Satzglied gibt es jeweils einen 1/2 P. Beispiele:

Seinen roten Ball | sucht | das kleine Mädchen | unter dem Bett.

Unter dem Bett | sucht | das kleine Mädchen | seinen roten Ball.

Sucht | das kleine Mädchen | seinen roten Ball | unter dem Bett?

2 Marco schreibt ~~heute hastig mit seinem neuen, grünen Füller an einer spannenden Geschichte in seinem Deutschheft.~~

3 Meine Mutter kocht heute Spaghetti. ✓
Spaghetti (**Nudeln**) sind mein Lieblingsessen.
Es duftet schon köstlich aus der Küche. ✓
Papa streut am liebsten **Käse** (**Parmesan/Kräuter**) darüber.
Italiener (**Wir/Kinder**) essen Spaghetti meistens nur mit der Gabel.

4

gestern	**Wann?**	eine Stunde lang	**Wie lange?**
unter dem Schrank	**Wo?**	nach Italien	**Wohin?**
im Schwimmbad	**Wo?**	zwei Mal täglich	**Wie oft?**

5

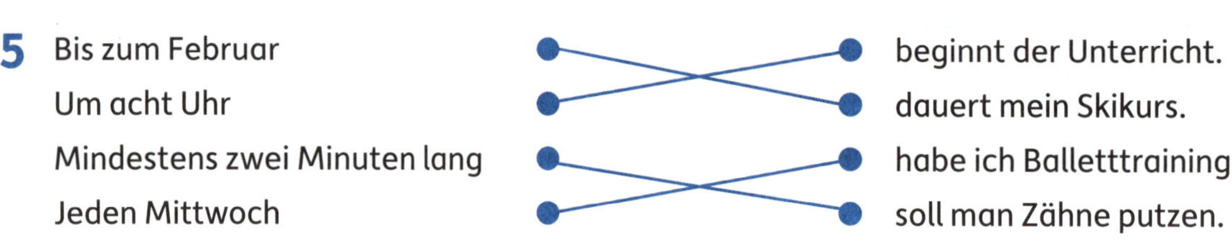

6 Hier kann ich dir nur einige Beispiele geben. Vielleicht hast du auch andere Zeitangaben gefunden. Überprüfe, ob du sie mit **wann?**, **wie lange?** oder **wie oft?** erfragen kannst.

In der Früh (**Gestern**) schien die Sonne noch so schön.
Jetzt (**Am Nachmittag/Den ganzen Tag**) regnet es.
Juhu, Freitag! Magst du **später** (**heute/morgen/um 15 Uhr**) zu mir zum Spielen kommen?

7 Auch hier nur ein paar Beispiele. Vielleicht hast du auch andere Ortsangaben gefunden. Überprüfe, ob du sie mit **wo?**, **wohin?** oder **woher?** erfragen kannst.

Hier (**Auf dem Schreibtisch/Im Federmäppchen/Dort**) ist dein Radiergummi.
Ich habe ihn **auf dem Boden** (**unter dem Tisch/neben den Stiften**) gefunden.
Ich lese meine Bücher am liebsten **im Bett** (**auf dem Sofa/in der Bücherei/zuhause**).

8 Meine Freundin Anni wohnt seit einem Jahr gegenüber.
Nach der Schule gehen wir oft gemeinsam nachhause.
In zwei Wochen beginnen die Ferien.
Danach kommen wir in die 4. Klasse.

Punkte	44-41,5	41-35,5	35-29,5	29-22	21,5-13	12,5-0
Note	1	2	3	4	5	6

6. Satzarten

Lösungen

1 Wo ist deine Katze? Max, da bist du ja! Ich esse gerne Spaghetti.
Räum sofort dein Zimmer auf! Du bist wirklich gut in Deutsch.

2 Fragesatz: **Spricht Klara heute mit der Lehrerin?**
Aufforderungssatz: **Klara, sprich heute mit der Lehrerin!**
Aussagesatz/Erzählsatz: **Klara spricht heute mit der Lehrerin.**

Ziehe dir einen 1/2 P ab, wenn du das Satzzeichen vergessen oder das falsche geschrieben hast.

3 Für jeden Satz mit dem richtigen Satzzeichen gibt es 1P. Außerdem gibt es 1P, wenn du die Satzart richtig bestimmt hast.

Gib sofort meinen Stift wieder her! (**Aufforderungssatz**)
Wohin wirft Fritz den Ball? (**Fragesatz**)
Gestern hat Alija Geburtstag gefeiert. (**Aussagesatz/Erzählsatz**)
Wann kommt Papa heute nachhause? (**Fragesatz**)

4

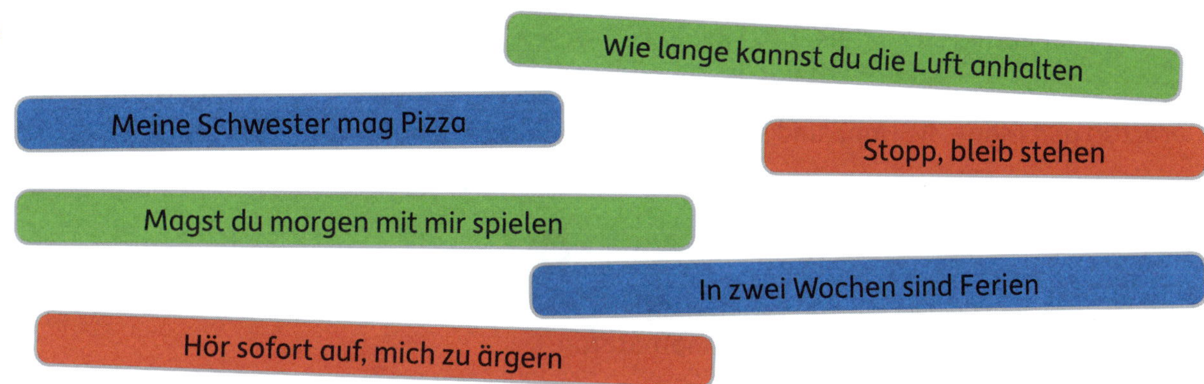

5 Jeder Satz mit richtigem Satzzeichen = 1P.

Wie ist ein Jahr aufgeteilt? Ein Jahr hat zwölf Monate und meistens 365 Tage. Jeder Tag hat 24 Stunden. Eine Stunde hat wiederum 60 Minuten. Hey! Hast du Lust auszurechnen, wie viele Minuten ein Tag hat?

6 Geht Jan in sein Zimmer? **oder:** Jan, geh in dein Zimmer!
Isst du dein Brot auf? **oder:** Du isst dein Brot auf.

7 Hier ein paar Beispielsätze.

Mark, lehn dich nicht aus dem Fenster!
Mark, geh vom Fenster weg!
Pass auf, dass du nicht rausfällst!
Mach sofort das Fenster zu!

Punkte	32-30	29,5-26	25,5-21	20,5-16	15,5-10	9,5-0
Note	1	2	3	4	5	6

7. Wörtliche Rede

1 Für jede richtige Unterstreichung bekommst du einen 1/2 P.

Die Lehrerin fragt die drei neuen Erstklässler nach ihren Namen: „Wie heißt du?"
Die erste Schülerin antwortet: „Hanna." Dazu meint die Lehrerin: „Nein, das heißt Johanna."
Sie schaut das nächste Kind an und fragt: „Und du?" „Hannes", erwidert der zweite Erstklässler.
Darauf ermahnt die Lehrerin auch ihn: „Falsch, das heißt Johannes. Und du?" Da meint der dritte Erstklässler: „JOkurt, Frau Lehrerin."

2 Für jede richtige wörtliche Rede der Tierärztin mit den richtigen Redezeichen gibt es 2 P. Wenn du bei Maries Reden jeweils am Anfang und am Ende die richtigen Zeichen bei der wörtlichen Rede gesetzt hast, gibt es hierfür 1 P.

Marie sagt: „Guten Tag, Frau Doktor Tierlieb."
Die Tierärztin antwortet: **„Hallo Marie, hallo Struppi! Was kann ich für euch tun?"**
Marie berichtet: „Struppis Nase läuft dauernd. Ich glaube, er ist krank."
Frau Doktor Tierlieb sagt: **„Ich schau ihn mir gleich mal an."**
Marie macht sich Sorgen: „Geht es Struppi sehr schlecht?"
Frau Dr. Tierlieb beruhigt sie: **„Nein. Gib ihm diese Tropfen in sein Futter und in 5 Tagen ist alles wieder in Ordnung."**
Marie erwidert: „Oh, da bin ich aber erleichtert! Ja, das mache ich. Vielen Dank, Frau Dr. Tierlieb!"
Die Tierärztin gibt Marie die Hand und sagt: **„Nichts zu danken. Auf Wiedersehen und grüß deine Eltern."**

3 Für jede richtig ausgefüllte Lücke bekommst du einen 1/2 P.

Amelie ruft: „Vorsicht! Da ist ein Loch im Boden!"
„O nein! Jetzt ist meine Hose dreckig", schimpft Stefan.
Viola fragt: „War die Hose neu?"
„Ja, leider", jammert Stefan.
„Ist doch nicht so schlimm. Die Hose kann man doch waschen", tröstet Viola ihn.

4 Hier ein paar Beispiele. Natürlich können deine Begleitsätze auch anders lauten. Achte aber darauf, dass du nicht immer die gleichen Verben benutzt hast, v.a. nicht nur das Verb „sagen".

Mama freut sich: (Mama begrüßt Sanny:)
„Hallo Sanny, schön, dass du wieder da bist!"

Sanny ruft aufgeregt: (Sanny antwortet traurig:)
„Mama, mir ist was ganz Dummes passiert!"

Mama fragt besorgt: (Jetzt will Mama wissen:)
„Was ist denn los? Du weinst ja!"

Sanny jammert: (Daraufhin erzählt Sanny:)
„Ich bin auf dem Heimweg über einen Stein gestolpert und hingefallen und jetzt tut mein Knie ganz weh."

Mama tröstet Sanny: (Mama beruhigt Sanny:)
„Jetzt setz dich erstmal hin. Ich schau mir das Knie an und du wirst sehen, bald tut es nicht mehr weh."

5 Richtige Umstellung des Begleitsatzes = 1 P, richtige Zeichensetzung = 1 P.

Sanny gähnt müde: „Ich gehe jetzt ins Bett."

Punkte	**33-31**	**30,5-27**	**26,5-22**	**21,5-16,5**	**16-10**	**9,5-0**
Note	**1**	**2**	**3**	**4**	**5**	**6**

8. Fit für die 4. Klasse?

1 **1. Vergangenheit (Präteritum)**: Johanna **spielte** am liebsten Uno.
2. Vergangenheit (Perfekt): Johanna **hat** am liebsten Uno **gespielt**.

Gegenwart (Präsens): Am Nachmittag **verliert** Johanna gegen ihren Papa.
1. Vergangenheit (Präteritum): Am Nachmittag **verlor** Johanna gegen ihren Papa.

2 langweilig **Adjektiv** (Wiewort) — sie **Pronomen** (Fürwort)
Malsachen **Nomen** (Namenwort) — schönes **Adjektiv** (Wiewort)
trifft **Verb** (Tunwort) — den **bestimmter Artikel** (Begleiter)

3 Angst → **ängstlich** — Trauer → **traurig**
Gefahr → **gefährlich** — Ekel → **ekelig (eklig/ekelhaft)**

4 gesund → **Gesundheit** — nah → **Nähe**
flüssig → **Flüssigkeit** — müde → **Müdigkeit**

5 Für jede richtig ausgefüllte Lücke gibt es einen 1/2 P.

„Papa, hast du geschummelt**?“**, fragt Johanna empört**.**
Papa antwortet**:** **„**Nein, wie kommst du denn darauf**?** Ich habe einfach nur Glück**.“**
„Hat dir dein Glück etwa zweimal dieselbe Karte von einer Farbe gebracht**?“,** fragt Johanna zweifelnd**.**

6

Nomen (Namenwort)	Verb (Tunwort)	Adjektiv (Wiewort)
die Farbe	**färben**	**farbig (farblich)**
die Hoffnung	hoffen	**hoffentlich (hoffnungsvoll)**

7 der Boden → **die Böden** — das Herz → **die Herzen**
der Strauch → **die Sträucher** — die Wanne → **die Wannen**

8 **die** Bürste — **der** Kater — **die** Liebe

9 Hast du auf die zweiteiligen Prädikate geachtet?

Heute passt Oma auf Johanna auf.
Stundenlang spielen die beiden im Kinderzimmer Uno.
Abends liegt Oma mit Johanna im Bett und liest eine lange Geschichte vor.

Punkte	**38-36**	**35,5-31**	**30,5-25**	**24,5-19**	**18,5-11**	**10,5-0**
Note	**1**	**2**	**3**	**4**	**5**	**6**

9. Fit für die 4. Klasse?

1 Morgen ist ein großer Tag für Felix. **Er** wird mit seiner Klasse ins Schullandheim fahren. Felix ist schon sehr aufgeregt. Zusammen mit seiner Mama packt er **seinen** Koffer.
Mama fragt: „Hast **du** auch an **deine** Zahnbürste und die Handtücher gedacht? Und welchen Schlafanzug sollen wir einpacken?" Felix überlegt: „Hmm, ich glaube, **ich** nehme den grünen mit den Sternen. Und meine Taschenlampe darf ich nicht vergessen! Kannst **du** mir bitte noch neue Batterien dafür geben?"

2 Ziehe dir für jeden Fehler 1P ab.

Korb	**Durst**	Papier	Traubensaft	Wasser	**Hass**	**Geruch**
Kinder	Haus	**Freiheit**	**Freundschaft**	Flamme	Sonne	Wolke

3 Felix bastelt mit Kastanien.
Bastelt Felix mit Kastanien**?**
Felix, bastle mit Kastanien**!**

Ziehe dir einen 1/2P ab, wenn du das Satzzeichen vergessen oder das falsche geschrieben hast.

4 Hier ein paar Beispiele:

speisen, fressen, mampfen, naschen, futtern, schlingen, frühstücken, verdrücken, verputzen

5 Am späten Abend ist Felix unruhig. Mama macht ihm eine heiße Milch mit Honig. Papa beruhigt ihn: „Du hast mit Sicherheit großen Spaß!"

6

	Zeitstufe	Grundform
ich schrieb	**1. Vergangenheit** (Präteritum)	**schreiben**
du bist gegangen	**2. Vergangenheit** (Perfekt)	**gehen**
er log	**1. Vergangenheit** (Präteritum)	**lügen**
wir gehören	**Gegenwart** (Präsens)	**gehören**
ihr spracht	**1. Vergangenheit** (Präteritum)	**sprechen**
sie haben geworfen	**2. Vergangenheit** (Perfekt)	**werfen**

7 Um 8 Uhr steigen die Kinder in den Bus.
Im Schullandheim sucht Felix zuerst sein Zimmer.
Mittags essen alle Kinder im Speisesaal.
Am zweiten Tag macht die ganze Klasse eine Nachtwanderung ins Moor.

8 Tag → **täglich** | Herr → **herrlich (herrisch)**
Nebel → **neblig (nebelig)** | Mut → **mutig**

9

Grundstufe	Höherstufe	**Höchststufe**
gut	**besser**	am besten
fröhlich	fröhlicher	**am fröhlichsten**
winzig	**winziger**	**am winzigsten**
kühl	kühler	**am kühlsten**

Punkte	**47-44,5**	**44-38**	**37,5-31**	**30,5-23,5**	**23-14**	**13,5-0**
Note	**1**	**2**	**3**	**4**	**5**	**6**

10. Sachtext: Allergien gegen Tiere

1 Dann jucken die Augen, die Nase läuft oder man bekommt einen Hautausschlag. (Zeile 5-6)

2 ◯ jeder Mensch ◯ jeder Zweite ☒ jeder Zehnte ◯ jeder Fünfzigste

3 Man ist **nicht auf die Tierhaare allergisch**, sondern reagiert **auf Stoffe im Speichel, Schweiß oder Urin** der Tiere.

4 Züchter versuchen **Rassen zu züchten**, die **weniger Allergien** auslösen. (Z. **15-16**)

5 Für jede richtig angekreuzte bzw. nicht angekreuzte Aussage gibt es einen 1/2 P.

- ◯ Im Schlafzimmer nie lüften.
- ☒ Vor dem Schlafen duschen.
- ◯ Das Haustier in deinem Kleiderschrank schlafen lassen.
- ☒ Hasen- oder Meerschweinchen-Käfige auf Balkon oder Terrasse stellen.
- ☒ Das Tier weggeben, wenn es gar nicht anders geht.
- ◯ Deinem Haustier Kleidung anziehen.

6 Gegen **Schildkröten oder Fische** kann man nicht allergisch sein. (Z. **28-29**)

7 Hierbei werden die Stoffe, die die Allergie auslösen, über längere Zeit immer wieder dem Körper in geringer Konzentration verabreicht und so „lernt“ das Immunsystem des Körpers nach und nach damit umzugehen und reagiert nicht mehr allergisch. (Z. 32-35)

Punkte	**12-11**	**10,5-9,5**	**9-7,5**	**7-6**	**5,5-4**	**3,5-0**
Note	**1**	**2**	**3**	**4**	**5**	**6**

Falls du noch mehr Übung brauchst, schau doch mal auf unsere Homepage: www.hauschkaverlag.de
Dort findest du viele Informationen zu unseren praktischen Lernhilfen im DIN-A5-Format!

11. Gedicht: Der Mann von Schnee

1 An der Sonne seine **Knochen**, (Z. 24)

2 Der Schneemann schwitzt, da die **Sonne** herunterscheint und **es wärmer wird.** Dadurch **schmilzt** er.

3 Friedrich Wilhelm Güll ist der **Autor des Gedichts**.

4 An dem Glanz der goldnen Sonnen. (Z. 26)

Noch ein Schnapper, noch ein Schnauf (Z. 13)

All' die Blumen auf den Wiesen, (Z. 44)

5 Das Wort bedeutet **vorne**.

6 blau (Z. 7) – braun und grau (Z. 8) – grün (Z. 9) – schwarzen (Z. 15) – goldnen (Z. 26) – weiß und gelb und grün (Z. 45)

7 Das Gedicht ist schon **älter**, da die **Sprache** zum Teil sehr **altertümlich** klingt.

8 Das Gedicht spielt im **Frühling**.

9 Raben, Lerche, Storch, Schwalbe

10 Der Schneemann schmilzt und **wird zu Wasser**. Mit dem Wasser werden die **Blumen gegossen**.

Punkte	**21,5-20**	**19,5-17**	**16,5-14**	**13,5-11**	**10,5-6**	**5,5-0**
Note	**1**	**2**	**3**	**4**	**5**	**6**

12. Sachtext: Achterbahnen: Ein aufregendes Erlebnis

1 Für jede richtig angekreuzte bzw. nicht angekreuzte Aussage gibt es einen 1/2 P.

- [x] Die größte Achterbahn Deutschlands steht in Rust.
- [ ] Die größte Achterbahn heißt Golden Star.
- [x] Jeden Morgen darf der Sicherheitsingenieur Achterbahn fahren.
- [ ] Ein Achterbahnwagen muss schwer und stabil sein.
- [x] Manche Wagen sind gebaut wie kleine Boote.
- [ ] Achterbahnen gibt es nur in Deutschland und Russland.

2 Den Namen der höchsten Achterbahn in Deutschland ist **Silver Star**.
Du findest ihn in den **Zeilen 2**, **4**, **9** und **16**.

3 Für jede richtig ausgefüllte Lücke gibt es einen 1/2 P. Wenn du die Zeilen richtig angegeben hast, gibt es 1 P.

Der Silver Star hat **3** Züge, die jeweils **36** Sitzplätze haben. Um mitfahren zu dürfen, muss man **140** cm groß und mindestens **11** Jahre alt sein. (Z. **9-11**)

4 Die **Räder**, die **Bremsbeläge** und die **Haltebügel** werden regelmäßig überprüft. Außerdem wird jedes Jahr die **gesamte Stahlkonstruktion** und **jede Schraube** kontrolliert.

5 Ein Achterbahnwagen ist ein **Metallgestell** mit einer **Außenhaut aus glasfaserverstärktem Kunststoff**.

6 Er probiert **Achterbahnen in vielen verschiedenen Ländern** aus und berichtet darüber auf seiner **Internetseite**.

7 Ein Formel-1-Auto kann **über 240 Stundenkilometer** fahren. (Z. **33**)

8 Die **Kinder selbst** können die Achterbahn bedienen.

9 Die erste offizielle Achterbahn, wie wir sie heute in Westeuropa kennen, wurde 1817 in Frankreich eröffnet. (Z. 52-53)

10 Allerdings konnte man diese Bahnen noch nicht **wirklich** als Achterbahnen bezeichnen, da sie eher **eisige** Rutschbahnen waren.

11 ~~Die längste Achterbahn ist 20 Meter lang.~~
Es gibt Achterbahnen, die über 200 Stundenkilometer schnell fahren.
Kenntnisse über Physik sind wichtig, um eine Achterbahn zu bauen.
~~Der Europapark Rust liegt in Bayern.~~

12 Die ersten Achterbahnen waren **Eisrutschbahnen**. Daher konnten sie nur im Winter, wenn es **kalt genug** war und das **Wasser zu Eis gefror**, benutzt werden.

Punkte	**26-24,5**	**24-21**	**20,5-17**	**16,5-13**	**12,5-8**	**7,5-0**
Note	**1**	**2**	**3**	**4**	**5**	**6**

13. Erzähltext: Die Schildbürger

1 Die Geschichten der Schildbürger sind **ungefähr 500 Jahre** alt.

2 **Nein**, die Schildbürger **taten so als wären sie dumm**, damit sie **nicht alle wegen ihrer Klugheit die Stadt verlassen** mussten, um als **Ratgeber der Könige** zu arbeiten.

3 Sie wollten ein **Rathaus** bauen. Es sollte **dreieckig** sein.

4 Z. **4-5**

5
- ◯ Man wollte, dass die Besucher besonders schnell kommen.
- ⊗ Man wollte, dass möglichst viele Besucher in die Stadt kommen.
- ◯ Man wollte, dass die Besucher aus fremden Ländern kommen.

6

Einst beschlossen die Bürger der kleinen Stadt Schilda ein Rathaus zu bauen. (Z. 1)

Fleißig schichteten die Männer Stein um Stein aufeinander. (Z. 6)

Erst als der Sommer langsam zu Ende ging und die Herbststürme aufbrausten, wurde die Arbeit in dem neuen Rathaus unangenehm. (Z. 21-22)

7
fürchterlich dunkel **stockfinster** (Z. **28**)
Arbeit **Tätigkeit** (Z. **24**)

8 Für jede richtig angekreuzte bzw. nicht angekreuzte Aussage gibt es einen 1/2 P.
- ◯ Im neuen Rathaus war es den Schildbürgern zu hell.
- ⊗ Die Schildbürger wollten Licht in das Rathaus tragen.
- ⊗ Im Rathaus arbeiteten Beamte.
- ◯ Der Bürgermeister entdeckte den Fehler am Haus.
- ◯ Der Bau des Rathauses dauerte 1 Jahr.
- ⊗ Der Architekt hat auch den Schiefen Turm von Pisa gebaut.

9

Eimer, Säcke, Schubkarren und vieles mehr (Z. 13-14)

10 Sie **deckten das Dach ab**.

11 Das Rathaus wurde dafür bekannt, dass es **ohne Fenster** gebaut wurde.

12 Die Geschichte ist **nur erfunden**, da viel **Unglaubwürdiges** darin vorkommt.
Niemand würde vergessen, Fenster in ein Haus zu bauen, oder auf die Idee kommen, Licht mit Eimern zu transportieren.

Punkte	21-20	19,5-17	16,5-14	13,5-10,5	10-6	5,5-0
Note	1	2	3	4	5	6

14. Romanausschnitt: Black Beauty

1 Die Geschichte wird **aus der Sicht des Pferdes Black Beauty** erzählt.

2 Der Herr ist der **Besitzer von Black Beauty**.

3 Jagdwagen

4 Z. **4**

5 der Herr, John, der Zollwärter

6 Für jede richtig angekreuzte bzw. nicht angekreuzte Aussage gibt es einen 1/2 P.

- ○ Black Beautys Besitzer war immer nur gut zu ihm.
- ☒ Die Geschichte spielt bei schlechtem Wetter.
- ☒ Der Weg der Kutsche führt über eine Brücke.
- ○ Black Beautys Besitzer reitet in der Geschichte auf ihm.

7

Die hohen Räder des Jagdwagens, den ich ziehen musste, rollten leicht. (Z. 2-3)

Da waren mein Herr und John natürlich froh. (Z. 36)

Dann führten mein Herr und John eine ernste Unterhaltung. (Z. 38-39)

8 Den **Menschen** hat er **Verstand** gegeben und den **Tieren Instinkt**.

9 Der Herr treibt Black Beauty mit seiner **Peitsche** an. Erst **schlägt** er ihn nur **leicht**, dann **fester**.

10 Die **Brücke** wurde vom Fluss **in der Mitte zerstört**. Sie ist so **nicht mehr befahrbar** und würde die Kutsche in den Fluss **mitreißen**.

11 Black Beauty bekam einen **Kleiebrei** und besonders **weiches Stroh** für sein Nachtlager.

12 Der Herr wird Black Beauty sicher **besser behandeln**, da er dem **Herrn und John das Leben gerettet** hat.

Punkte	22-20,5	20-18	17,5-15	14,5-11	10,5-7	6,5-0
Note	1	2	3	4	5	6

15. Abc und einfache Wörter

1 Z **Y** X W V U T **S R** Q P **O** N M L **K** J I H G F **E** D C B A

2 B → 2 D → **4** Q → **17** A → **1** V → **22** K → **11**
W → **23** O → **15** H → **8** S → **19** U → **21**

3

6	oft	2	hier	4	Spaß	1	abends
1	Blume	5	stolz	5	Wasser	6	süß
3	Haufen	6	Sturz	6	Ziel	2	frösteln
2	Boot	1	bauen	1	Baustelle	4	ist
4	kurz	3	Kreuz	3	quer	3	Fuß
5	lieb	4	Marzipan	2	Eiche	5	Schule

4 **A**dam **g**eht **h**eute **m**it **N**ora **s**pielen.
Affe **C**asi **f**risst **g**erne **r**iesige **Z**ucchini.

5

6 **fertig** / verlieren — **Bär** / Biene — **Sparschwein** / Sparstrumpf
Mutter / **Mama** — Markt / **Marke** — Holzstück / **Holzschuh**

7

	Leiter		**Knopf**
	Fisch		**Nudel**
	Eimer		**Ring**
	Stift		**Fenster**
	Banane		**Gabel**

Punkte	**46-43,5**	**43-37**	**36,5-31**	**30,5-23**	**22,5-14**	**13,5-0**
Note	**1**	**2**	**3**	**4**	**5**	**6**

16. Groß- und Kleinschreibung

1 schreiben + Tisch → **Schreibtisch**
weit + Sprung → **Weitsprung**
Butter + weich → **butterweich**
wechseln + Wäsche → **Wechselwäsche**
Schnee + weiß → **schneeweiß**
offen + stehen → **offenstehen**
Kohle + Rabe + schwarz → **kohlrabenschwarz**
schlafen + Zimmer + Tür → **Schlafzimmertür**

2 glügurkejurklgeburtkinfiöojungwefilmsafldaeckeopsskspielklpü

die Gurke, die Geburt, der Film, die Ecke, das Spiel

3 Für jedes richtig geschriebene Wort gibt es einen 1/2 P.

JOHN|UND|SEIN|HUND|REX|ERLEBEN|ZUSAMMEN|ABENTEUER.
John und sein Hund Rex erleben zusammen Abenteuer.

john|stürzt|sich|sofort|auf|jedes|rätsel|und|löst|alle|geheimnisse|schnell.
John stürzt sich sofort auf jedes Rätsel und löst alle Geheimnisse schnell.

4 Es war ein s/Schöner s/Sonntagmorgen. j/John und sein h/Hund r/Rex m/Machten einen s/Spaziergang. Auf einmal sah j/John ein b/Baumhaus auf einer h/Hohen b/Birke. Er b/Band r/Rex an einem a/Ast fest und k/Kletterte die b/Baumhausleiter hoch. Als er o/Oben war, e/Entdeckte er einen h/Hebel neben der t/Tür. Er d/Drückte ihn herunter. Da öffnete sich unten im b/Baum eine g/Geheimtür. j/John k/Kletterte herunter und s/Sah einen r/Riesengroßen b/Berg g/Gold. Er f/Füllte seinen r/Rucksack mit dem s/Schatz.

5 Diese Wörter stehen alle am Satzanfang. **Am Satzanfang schreibe ich groß.**

6 Sehr geehrter Herr Direktor Wanninger,

ich hätte einen Vorschlag an s/Sie. Könnten wir nicht nächstes Jahr eine Rätsel-Arbeitsgemeinschaft an unserer Schule einführen? Ich hätte auch schon eine Idee, wer s/Sie leiten könnte. Ich könnte i/Ihnen da einen großen Experten auf dem Gebiet des Rätsellösens empfehlen. Geheimschriften, Irrwege, Schatzsuchen, s/Sie alle sind sein Spezialgebiet.

Was meinen s/Sie dazu? Könnten s/Sie sich solch eine AG vorstellen?

Ich freue mich auf i/Ihre Antwort und schicke i/Ihnen rätselhafte Grüße

John

Punkte	**44-41,5**	**41-35,5**	**35-29,5**	**29-22**	**21,5-13**	**12,5-0**
Note	**1**	**2**	**3**	**4**	**5**	**6**

17. Umlaute

1

das Horn	→	**die Hörner**	das Bad	→	**die Bäder**
der Sturm	→	**die Stürme**	der Zaun	→	**die Zäune**
der Pass	→	**die Pässe**	die Laus	→	**die Läuse**

2

	Wort	verwandtes Wort
	Eule	―――
	Blätter	Blatt
	Körbe	**Korb**
	Frösche	**Frosch**
	Füße	**Fuß**
	Feuer	―――
	Häuser	**Haus**
	Nüsse (Walnüsse)	**Nuss (Walnuss)**

3

Grundstufe	Höherstufe	Höchststufe
groß	**größer**	**am größten**
hart	härter	**am härtesten**
hoch	**höher**	**am höchsten**
nah	**näher**	**am nächsten**

4

Mädchen	heute	bedeuten	verdächtig
Käfig	lästig	häufig	Marienkäfer
zufällig	herzlich	Heft	ärgerlich

5
a) Meine Freundin Lilli **fährt** mit dem Rad in die Schule.
b) Ich habe Schnupfen. Meine Nase **läuft**.
c) Zu meinem Geburtstag **bäckt (backt)** Mama mir einen Kuchen.
d) Was die Überraschung ist, **errätst** du nie!
e) Sergen **wäscht** sich vor dem Essen die Hände.

6 Der braune Hahn flitzt schnell aus dem Hühnerstall heraus. Da ~~leuft~~ das schwarze ~~Ketzchen~~ Fanni gerade vorüber hinter zwei ~~Meusen~~ her. Fanni ist noch klein, doch wenn sie größer ist, wird sie ein toller ~~Jeger~~. Aber jetzt ~~hengen~~ die kleinen Nager die Katze ab und verschwinden zwischen den ~~Beumen~~ im Wald. Hier auf dem Bauernhof gibt es viele Tiere, viel mehr als in den ~~Stedten~~.

läuft, **Kätzchen**, **Mäusen**, **Jäger**, **hängen**, **Bäumen**, **Städten**

Punkte	**34-32**	**31,5-27,5**	**27-23**	**22,5-17**	**16,5-10**	**9,5-0**
Note	**1**	**2**	**3**	**4**	**5**	**6**

18. Doppelter Konsonant (Mitlaut), s/ss/ß

1 a) „Mit Mutti bist du immer mutig!", brüllt Felix wütend.

b) In der Hütte lagen viele verschiedene Hüte auf dem Boden verteilt.

c) Anstatt mit der Bürste kam die Frisörin jetzt mit dem Kamm zum Spiegel.

d) „Du weißt doch, wen du fragen sollst, wenn du Probleme hast", sagt Papa.

e) Lass bitte nicht immer die Ofentür offen. Das verbraucht so viel Strom.

f) Auf Alexas neuer Bettwäsche ist ein buntes Blumenbeet.

2

brennen	ren - nen	**tren - nen**
Spanne	**Kan - ne**	**Tan - ne**
wissen	Kis - sen	**schmis - sen**
prallen	**fal -len**	**Kral - len**

3

Füller – Fühler   Hölle – Höhle   Miete – Mitte   Schiff – schief

4 Wenn im Sommer Blumen auf der Wiese blühen, muss ich oft niesen. Trotzdem mag ich diese Jahreszeit. Nur bei Gewitter mit Blitz und Donner habe ich Angst und muss zittern. Doch wenn dann die Sonne wieder scheint, ist die Angst gleich wieder schnell vergessen. Doch in der Schule fällt es mir sehr schwer, still im Klassenzimmer zu sitzen. Ich freue mich auch, wenn wir passende Lieder singen oder Bilder malen.

5 Folgt auf einen **betonten, kurzen Vokal** ein Konsonant, wird dieser in der Regel verdoppelt.

6

Einzahl	Mehrzahl	Einzahl	Mehrzahl
Kuss	**Küsse**	Glas	**Gläser**
Gras	**Gräser**	Walnuss	**Walnüsse**
Riss	**Risse**	Pass	**Pässe**
Preis	**Preise**	Keks	**Kekse**

7 Gestern habe ich draußen am Fluss gespielt. Als ich wieder in unsere Straße kam, vermisste ich meinen Schlüssel. Oder hatte ich ihn schon zuhause vergessen? Da Mama im Haus war, musste ich ja nicht abschließen.

Puh, da hing er, an unserem weißen Schlüsselbrett. Mir fiel ein riesen Stein vom Herzen. Auf diesen Schreck schmeckte mir Mamas süßer Obstkuchen gleich noch viel besser. Ich schnitt mir ein Stück mit dem Messer ab und biss erleichtert hinein.

Punkte	**42-39,5**	**39-34,5**	**34-28**	**27,5-21**	**20,5-13**	**12,5-0**
Note	**1**	**2**	**3**	**4**	**5**	**6**

19. Dehnungs-h (Kurztest)

1

 **Stuhl**

 **Fahrrad**

 **Kuh**

 **Fahne**

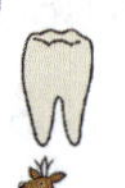 **Zahn**

 **Reh**

2 Das ist Furkan, er **wohnt** seit Anfang des Jahres in unserer Straße. Ich kenne **ihn**, weil er in meine Schule **geht** und jeden Morgen mit mir im Schulbus zur Schule **fährt**. Obwohl ich Furkan erst sehr kurz kenne, **fühlt** es sich an, als ob wir schon lange Freunde sind.

3

Ra sen	ihr	o der	Scha l	lahm	Bohne
zehn	rühren	Ta l	spä t	nehmen	To n
Trä ne	blüht	schwe r	soga r	Gewehr	kühl

4 Ich winke Caro und Hanna zu. → Ich winke **ihnen** zu.
Ich sehe, dass Caros Hund Filo auch dabei ist. → Ich sehe, dass **ihr** Hund Filo auch dabei ist.
Ich möchte Filo streicheln. → Ich möchte **ihn** streicheln.
Ich gebe Filo ein Leckerli. → Ich gebe **ihm** ein Leckerli.

Punkte	**23-21,5**	**21-18,5**	**18-15,5**	**15-12**	**11,5-7**	**6,5-0**
Note	**1**	**2**	**3**	**4**	**5**	**6**

20. Doppelter Vokal (Kurztest)

1 Ziehe dir für fehlende oder falsch eingekreiste Wörter 1P ab.

Seestern, Erdbeere, Schneemann

2

aa / a	der lange Saal	**ee / e**	das ferne Meer
aa / a	die schwarze Waage	**ee / e**	ein leerer Becher
oo / o	ein voller Zoo	**oo / o**	das rote Moos

3 a) Ein Getränk, das Erwachsene gerne zum Frühstück trinken und das wach macht: **Kaffee** (**Tee**).
b) Ein langer, dünner Fisch, der fast wie eine Schlange aussieht: **Aal.**
c) Das wächst auf deinem Kopf. Wenn sie lang genug sind, kannst du dir damit einen Zopf machen: **Haare.**
d) Ein kleines Schiff, zum Beispiel zum Rudern: **Ruderboot (Boot).**
e) Ein Gewässer, das größer als ein Teich ist, aber viel kleiner als ein Ozean. Im Sommer gehst du dort sicher gerne baden: **See.**

Punkte	**14-13**	**12,5-11**	**10,5-9**	**8,5-7**	**6,5-4**	**3,5-0**
Note	**1**	**2**	**3**	**4**	**5**	**6**

21. ck/tz

1 Für jedes richtig eingekreiste bzw. nicht eingekreiste Bild gibt es einen 1/2 P.

2 a) Lilli hat einen Zahn verloren. Jetzt hat sie eine **Lücke (Zahnlücke)**.
b) Oma **strickt** mir warme Socken aus roter Wolle.
c) Ich glaube, es wird bald regnen, die **Wolken** sind schon ganz grau.
d) „Es ist kalt! Zieh dir deine dicke **Jacke** an!“, sagt Mama.
e) Die alte Dame sitzt auf der **Bank** und füttert Tauben.
f) Ich sage Uli tschüss und **winke** ihm zum Abschied mit der Hand.
g) Zu Weihnachten **backt (bäckt)** meine Mama die besten Kekse.
h) **Schmeckt** dir dein Pausenbrot gut?
i) Kann ich bitte noch etwas **Zucker** in meinen Tee haben?

3

platzen	Pfütze	Schwanz	Wurzel
Hitze	pflanzen	Schmerz	putzen
schwitzen	jetzt	schmutzig	Verletzung
Salz	Netz	holzig	zuletzt
tanzen	Platz	stürzen	trotzig

4

Speck|brot	Trock|ner	di|cke	De|cke
bü|cken	het|zen	Acker (!)	Ste|cker
schwat|zen	spit|zen	spu|cken	me|ckern

(!) Acker kann man nicht trennen, da der Vokal alleine nicht abgetrennt werden darf.

5 a) Die Katzen kratzen mit ihren **Tatzen**.
b) Du hast Glück, ich begleite dich ein **Stück**.
c) Geh auf deinen Platz und schreibe diesen **Satz**.
d) Ich mache keinen Witz, ich kann rennen wie der **Blitz**.
e) Eine kleine Zecke sitzt auf unserer **Hecke**.

6 Herr Müller pu**tzt** die Treppe.
Fritz spi**tzt** den Bleistift.
Mama pa**ckt** den Koffer.

Punkte	**37-35**	**34,5-30**	**29,5-25**	**24,5-18,5**	**18-11**	**10,5-0**
Note	**1**	**2**	**3**	**4**	**5**	**6**

22. i oder ie

1

siegen	→	**verlieren**	Start	→	**Ziel**
Krieg	→	**Frieden**	viel	→	**wenig**
Zwerg	→	**Riese**	öffnen	→	**schließen**
falsch	→	**richtig**	drücken	→	**ziehen**

2

3

stehlen	→	du **stiehlst**
empfehlen	→	der Lehrer **empfiehlt**
befehlen	→	du **befiehlst**
sehen	→	der Junge **sieht**
geschehen	→	es **geschieht**
wiehern	→	das Pferd **wiehert**

4

Buchtitel	Maschine	vierzig	Spiegel
Dieb	hungrig	Tiefe	Dienstag
Brief	frieren	wichtig	Liebe
Finale	friedlich	Medizin	schwierig

5

Mara schläft.	→	**Mara schlief.**
Otto brät ein Ei.	→	**Otto briet ein Ei.**
Das Baby schreit.	→	**Das Baby schrie.**
Toni rät richtig.	→	**Toni riet richtig.**
Der Stein fällt.	→	**Der Stein fiel.**
Der Ast treibt.	→	**Der Ast trieb.**
Ayse reitet.	→	**Ayse ritt.**
Die 3a schreibt.	→	**Die 3a schrieb.**
Tufan geht.	→	**Tufan ging.**

Punkte	37-35	34,5-30	29,5-25	24,5-18,5	18-11	10,5-0
Note	1	2	3	4	5	6

23. Auslautverhärtung (d/t, b/p, g/k am Ende)

1

wild  der wilde Bär

rot  das rote Kleid

fremd  der fremde Mann

bunt 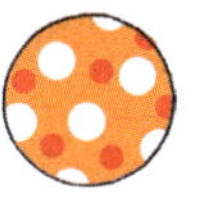 der bunte Ball

2

Hand	**Hände**	halb	**halbe**
Schwert	**Schwerter**	Schild	**Schilder**
Zug	**Züge**	Fabrik	**Fabriken**

3

d/t	das Rind	**das Kind (der Wind, sind, blind)**
g/k	der Krieg	**der Sieg**
g/k	der Schrank	**die Bank (der Tank, der Dank, trank, krank)**
b/p	der Dieb	**das Sieb (der Hieb, lieb, der Betrieb)**
b/p	der Raub	**der Staub (das Laub, taub, der Urlaub)**
g/k	der Zwerg	**der Berg**

4

der Hund, der Urlaub, die Bank, der Magnet, das Grab, der Flug, der Strand der Korb die Burg

5 Hast du drei dieser Wörter gefunden?

Handball, **Geldbeutel**, **Abendbrot**, **Ballabend**, **Brotbeutel**

6

erleben → **Erlebnis**
erlauben → **Erlaubnis**
gesund → **Gesundheit**
ergeben → **Ergebnis**

7

a) Das Schiff sinkt auf den Meeresgrund.
b) Amelie schreibt einen Brief.
c) Belinay folgt der Lehrerin ins Klassenzimmer.
d) Die Klasse klebt das Blatt ins Heft.
e) Papa sagte gar nichts mehr.
f) Oma gibt Cen ein Bonbon.

Punkte	**42-39,5**	**39-34,5**	**34-28**	**27,5-21**	**20,5-13**	**12,5-0**
Note	**1**	**2**	**3**	**4**	**5**	**6**

24. ks-Laute und Fremdwörter (Kurztest)

1 Amandas neueste Zaubertri**cks**
„Spinnenke**ks** und rote Se**chs**, wer ist hier die größte He**x'**?“, murmelte Amanda vor sich hin. Lin**ks** in ihrer Hand hielt sie einen kleinen Fu**chs** aus Stoff, in der rechten hatte sie das Bild einer Eide**chs**e. „Verfli**x**t nochmal“, keifte sie Ma**x**, ihren Kater mit den Län**gs**streifen an. „Was sa**gs**t du denn dazu? Mir fällt einfach kein neuer Spruch ein, um Frühlin**gs**wetter zu he**x**en! Vielleicht muss ich auch meinen Zauberstab mal we**chs**eln.“

2

Baby — **Quadrat**
Handy (Telefon) — **Pizza**
Clown — **Pullover (Pulli)**
Computer — **Teddy (Teddybär)**

Punkte	22-20,5	20-18	17,5-15	14,5-11	10,5-7	6,5-0
Note	1	2	3	4	5	6

25. Wörter mit V/v (Kurztest)

1 Die Hälfte von achtzig ist **vierzig**.
Ein anderes Wort für Papa: **Vater**.
Die Amsel ist ein **Vogel**.
Wenn du krank bist und deine Stirn ganz heiß ist, hast du **Fieber**.
Blumen stellt man in eine **Vase** (**Blumenvase**).
Zähne putzen sollst du, **bevor** du ins Bett gehst.
Ein großes Instrument mit schwarzen und weißen Tasten: **Klavier**.
Anderes Wort für Tunwort: **Verb**.
Der elfte Monat im Jahr: **November**.
Der böse **Wolf** will im Märchen die Großmutter und das Rotkäppchen fressen.

2

~~ferkleiden~~ – vorsprechen – verhalten – ~~ferschließen~~ – ~~forkommen~~ –
verhängen – verurteilen – ~~ferstehen~~ – versetzen – ~~forsorgen~~

verkleiden, vorsprechen, verhalten, verschließen, vorkommen, verhängen, verurteilen, verstehen, versetzen, vorsorgen

3 Ich schreibe **ver-** und **vor-** mit **v**, wenn es sich um Vorsilben handelt.

Punkte	17-16	15,5-13,5	13-11	10,5-8,5	8-5	4,5-0
Note	1	2	3	4	5	6

26. Wortbausteine und Wortstamm

1

sauber	→ **Sauberkeit**	reinigen	→ **Reinigung**
drohen	→ **Drohung**	dumm	→ **Dummheit**
tapfer	→ **Tapferkeit**	höflich	→ **Höflichkeit**
einsam	→ **Einsamkeit**	dunkel	→ **Dunkelheit**

2

Gift	→ **giftig**	Hunger	→ **hungrig**
hoffen	→ **hoffentlich (hoffnungsvoll)**	Ehre	→ **ehrlich**
Biss	→ **bissig**	Schreck	→ **schrecklich**
Frieden	→ **friedlich (friedfertig)**	Angst	→ **ängstlich**

3 Am besten **verlängere** ich die Wörter, indem ich sie vor ein Nomen setze:
die **schmutzige** Hose, das **heimliche** Treffen. Jetzt **höre** ich die **richtige Endung deutlich.**

4

Fahrbahn	Gefährt	Fahrerin	fuhr
Lehrer	belehren	Lehrbuch	lehrreich
Süßes	süßen	gesüßt	Süßigkeit
Sprungtuch	springen	Springer	gesprungen

5 der Fingernagel, der Apfelbaum, der Kartoffelbrei, der Bahnhof, der Fußball, das Vogelnest

6 umstellen 

7 Hier ein paar Beispiele:

schreiben: verschreiben, anschreiben, abschreiben, aufschreiben, nachschreiben
nehmen: annehmen, aufnehmen, vernehmen, abnehmen, entnehmen, wegnehmen
sagen: ansagen, absagen, aufsagen, nachsagen, versagen, lossagen

Punkte	**38-36**	**35,5-31**	**30,5-25**	**24,5-19**	**18,5-11**	**10,5-0**
Note	**1**	**2**	**3**	**4**	**5**	**6**

27. Wörtliche Rede (Kurztest)

1
- ☒ Am Schluss der wörtlichen Rede setze ich die Anführungszeichen oben.
- ◯ In der wörtlichen Rede steht nie ein Fragezeichen.
- ◯ Die Anführungszeichen kann man bei der wörtlichen Rede auch weglassen.
- ☒ Nach dem vorangestellten Redebegleitsatz steht ein Doppelpunkt.

2

Tanja jubelt:	Ich gehe jetzt ins Bett.
Haltet den Dieb!	schimpft Leyla zornig.
Papa schlägt vor:	Wir haben ein Tor geschossen!
Mama gähnt:	ruft der Polizist aufgeregt.
Das ist wirklich fies!	Komm, wir gehen auf den Spielplatz!

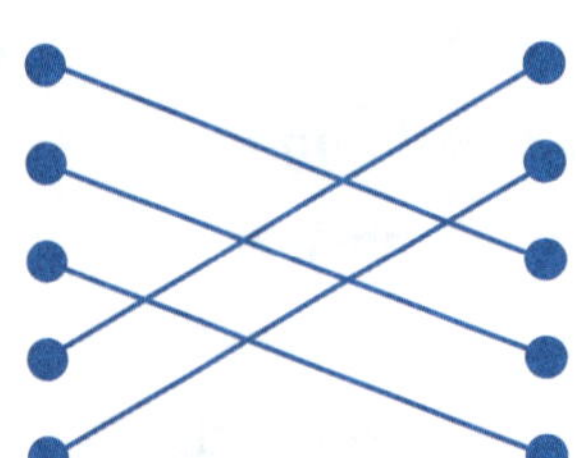

3 Tanja jubelt: „Wir haben eine Tor geschossen!“
„Haltet den Dieb!“, ruft der Polizist aufgeregt.
Papa schlägt vor: „Komm, wir gehen auf den Spielplatz!“
Mama gähnt: „Ich gehe jetzt ins Bett.“
„Das ist wirklich fies!“, schimpft Leyla zornig.

Punkte	12-11	10,5-9,5	9-7,5	7-6	5,5-4	3,5-0
Note	1	2	3	4	5	6

28. Fit für die 4. Klasse?

1

2 + **Tischdecke**
+ **Katzenauge**

3 Der Igel

Es gibt **ungefähr** 25 Arten von Igeln. Bei uns sind der **Braunbrustigel** und der **Weißbrustigel** am bekanntesten. Die Tiere **können** 10 bis 40 cm lang und bis zu zwei Kilo schwer **werden**. Das Fell des Igels bildet am **Rücken** 6000 bis 8000 Stacheln. Diese helfen ihm, sich vor Feinden zu **schützen** und kleine Stürze zu überstehen. Igel leben meist in einem **Bau**. Sie sind am **Abend** und in der Dämmerung aktiv und **fressen** Insekten, Larven und Würmer. **Feinde** des Igels sind Fuchs, **Dachs** und Uhu, aber vor allem auch die Menschen mit ihren Autos.

Punkte	25-24	23,5-20	19,5-17	16,5-12,5	12-8	7,5-0
Note	1	2	3	4	5	6

29. Fit für die 4. Klasse?

1

Fußball	**Vase**	**Dreirad**
Zwiebel	**Ärztin**	**Spinne**
Mond	**Kamm**	**Dreieck**

2

\+ **Ohrring**

\+ **Korbstuhl**

3 **Ein schöner Sommertag**

Gestern **fuhren** wir mit unserem **Auto** an einen See. Es war schönes **Wetter** und die Sonne strahlte. Meine Schwester und ich **wollten** schwimmen gehen. Das Wasser war aber noch sehr **kalt**. Wir **steckten** nur die **Füße** hinein. Dann liefen wir auf der **Wiese** herum und kletterten auf einige **Bäume**. Am Ende bauten wir aus **Stöcken** noch ein kleines **Häuschen** und **versteckten** uns darin. Mama und Papa lasen ein Buch und genossen die Sonne.

Punkte	**25-24**	**23,5-20**	**19,5-17**	**16,5-12,5**	**12-8**	**7,5-0**
Note	**1**	**2**	**3**	**4**	**5**	**6**

Fachbegriffe

lateinische Begriffe	deutsche Begriffe	Beispiele
Adjektiv	Wiewort	gut, klein, schnell, hoch
Adverb	Umstandswort	immer, gern, draußen, gestern
Artikel	Begleiter, Geschlechtswort	der, die, das, einer, eine, ein
Imperativ	Befehlsform	Lauf!, Nimm!, Geh jetzt!
Infinitiv	Grundform	laufen, gehen, machen
Komparativ	Höherstufe	besser, höher
Konjunktion	Bindewort	und, oder, weil, nachdem
Konsonant	Mitlaut	b, c, d, f, g, h, j, k, l, m, n, p, q, r …
Nomen	Namenwort	Haus, Maus, Angst, Liebe
Partizip	Mittelwort	tanzend, lachend, singend
Perfekt	2. Vergangenheit	ich habe gesungen
Personalpronomen	persönliches Fürwort	ich, du, er, sie, es, wir, ihr, sie
Plural	Mehrzahl	viele Mäuse, die Kinder
Possessivpronomen	besitzanzeigendes Fürwort	mein, dein, sein, ihr, unser, euer, ihr
Prädikat	Satzaussage	Ich **gehe**. Ich **laufe**.
Präposition	Verhältniswort	mit, auf, in, über, nach
Präsens	Gegenwart	er läuft, ich singe, wir reden
Präteritum	1. Vergangenheit	er lief, ich sang, wir redeten
Pronomen	Fürwort	ich, du, er, sie, es; mein, dein
Singular	Einzahl	eine Maus, ein Kind
Subjekt	Satzgegenstand	**Ich** gehe. **Mein Papa** läuft.
Superlativ	Höchststufe	am besten, am höchsten
Verb	Tunwort	spielen, tanzen, rennen
Vokal	Selbstlaut	a, e, i, o, u

8 **Kreuze die richtigen Aussagen an.**

- ◯ Im neuen Rathaus war es den Schildbürgern zu hell.
- ◯ Die Schildbürger wollten Licht in das Rathaus tragen.
- ◯ Im Rathaus arbeiteten Beamte.
- ◯ Der Bürgermeister entdeckte den Fehler am Haus.
- ◯ Der Bau des Rathauses dauerte 1 Jahr.
- ◯ Der Architekt hat auch den Schiefen Turm von Pisa gebaut. ☐ /3

9 **Was holten die Schildbürger, um das Licht zu transportieren? Unterstreiche schwarz.** ☐ /1

10 **Was taten die Schildbürger, als das Rathaus auch nicht heller wurde, nachdem sie das Licht hineingetragen hatten?**

____

______________________________ ☐ /1

11 **Wofür wurde das Rathaus schließlich bekannt?**

____

____

______________________________ ☐ /2

12 **Was glaubst du, ist die Geschichte wirklich so passiert? Begründe!**

____

____

______________________________ ☐ /2

Von 21 Punkten hast du ______ erreicht.

Fertig? Dann kontrolliere noch einmal genau!

14. Romanausschnitt

Black Beauty

Das Buch „Black Beauty“ ([bläck bjuti] englisch für „Schwarze Schönheit“) wurde vor fast 200 Jahren von der Engländerin Anna Sewell geschrieben und erzählt aus dem Leben des Pferdes „Black Beauty“. Das Besondere an dem Roman ist, dass die Geschichte nicht aus der Sicht eines Menschen, sondern aus der des Pferdes erzählt wird. In einer Zeit, in der man sich mit Pferden statt Autos fortbewegte, weil es noch keine Motorfahrzeuge gab, erlebt der Hengst viel Gutes, aber auch einiges Schlechte durch Menschenhand.

Die Autorin wollte mit ihrem Buch erreichen, dass Tiere und besonders Pferde besser behandelt werden. Mit der Zeit wurde ihr Buch aber nicht nur von Erwachsenen, sondern auch von vielen Kindern gelesen. „Black Beauty“ wurde in viele Sprachen übersetzt und es entstanden mehrere Filme zum Buch.

Hier findest du einen Ausschnitt aus dem Buch:

Der Sturm

An einem kühlen, windigen Tag im Spätherbst musste ich mit meinem Herrn auf eine längere Geschäftsreise. Die hohen Räder des Jagdwagens, den ich ziehen musste, rollten leicht. Tags zuvor hatte es stark geregnet.

Wir kamen zügig bei der Zollschranke an der Holzbrücke an. Die Flussufer lagen hier hoch, und die Brücke senkte sich zur Mitte des Flusses hin ein wenig ab. So kam es, dass bei Hochwasser der Fluss fast bis zur Brücke reichte. Doch die Geländer waren stabil, deshalb hatten die Menschen keine Angst.

Der Mann an der Schranke sagte eine schlimme Nacht voraus und machte uns darauf aufmerksam, dass das Wasser schnell stieg.

Mein Herr fuhr umsichtig und wir kamen ungehindert in die Stadt. Ich bekam eine feine Belohnung und weil die Geschäfte sich hinzogen, traten wir erst am Spätnachmittag den Heimweg an. Inzwischen hatte der Wind schon Sturmstärke erreicht und mein Herr sagte zu John, dass er noch nie bei so einem heftigen Sturm unterwegs gewesen sei. Das kam mir auch so vor. Es war gespenstisch, wie die Bäume sich bogen, als wären es nur dünne Äste.

„Ach, wären wir nur schon durch diesen Wald durch“, rief mein Herr.

John nickte und meinte: „Hoffentlich kommt keiner dieser Äste runter.“ Kaum hatte er den Mund geschlossen, fiel eine Eiche krachend vor uns nieder. Ich erschrak fürchterlich. Zitternd blickte ich auf den entwurzelten Baum und es war nur meiner guten Erziehung zu verdanken, dass ich nicht durchging. John war aber auch schon in der nächsten Sekunde bei mir. Nach kurzer Beratung beschlossen die beiden, wieder umzukehren. Auch wenn es schon spät war. Mein Herr meinte: „Beauty ist ja noch frisch.“

Als wir wieder bei der Brücke ankamen, dämmerte es bereits. Trotzdem erkannten wir, dass das Wasser die Brückenmitte bereits überschwemmte, was öfter mal vorkam. Deshalb spornte mein Herr mich an. Doch sobald ich den ersten Schritt auf die Brücke gemacht hatte, spürte ich, dass hier etwas nicht stimmte. Ich fühlte, dass ich nicht weitergehen durfte. „Los“, rief mein Herr und gab mir einen leichten Klaps mit der Peitsche. Aber ich rührte mich nicht von der Stelle. Da schlug er kräftiger zu. Trotzdem blieb ich stehen. Da bemerkte John, dass etwas nicht stimmen konnte, und sprang ab. Er versuchte, mich am Zügel weiterzuführen. Doch ich weigerte mich, trotz allen guten Zuredens.

Da eilte plötzlich der Mann auf der anderen Uferseite aus seinem Zollhäuschen und schwenkte seine Fackel. „Anhalten!“, rief er. „Die Brücke ist in der Mitte mitgeschwenkt worden. Wenn ihr weiterfahrt, dann werdet ihr auch in den Fluss gerissen!" Da waren mein Herr und John natürlich froh. Sie führten mich zurück auf die Uferstraße. Nun war es ganz dunkel, aber der Wind hatte sich ein wenig beruhigt. Eine Weile war alles ganz still. Dann führten mein Herr und John eine ernste Unterhaltung. Alles konnte ich nicht verstehen, aber einmal sagte mein Herr: „Gott hat den Menschen Verstand verliehen, damit sie für sich sorgen können. Den Tieren aber hat er den Instinkt gegeben. Und der scheint manchmal zuverlässiger als der Verstand. Deshalb rettet er uns Menschen manchmal das Leben.“ John war sowieso der Ansicht, dass Menschen die Tiere nicht genug zu schätzen wüssten und sich bei weitem nicht genug um deren Freundschaft bemühten.

Als wir endlich in Birtwick Park ankamen, warteten schon alle auf uns. Sie hatten sich Sorgen gemacht. Da erzählte mein Herr, dass ich ihn vor dem sicheren Tod bei der Holzbrücke bewahrt hätte. John brachte mich zum Stall und versorgte mich mit leckerem Kleiebrei und einer besonders weichen Lage Stroh fürs Nachtlager. Darüber freute ich mich, weil ich nun unsagbar müde war.

1 **Aus wessen Sicht wird die Geschichte erzählt?**

/1

2 **Wer ist der „Herr“? Erkläre!**

/1

3 **In der Geschichte kommt ein anderes Wort für Kutsche vor. Welches?**

/1

4 **In welcher Zeile findest du das Wort „Zollschranke“?**

Z.

/1

5 **Welche Menschen kommen in der Geschichte vor? Zähle alle auf.**

/3

6 **Kreuze nur die richtigen Sätze an.**

- ◯ Black Beautys Besitzer war immer nur gut zu ihm.
- ◯ Die Geschichte spielt bei schlechtem Wetter.
- ◯ Der Weg der Kutsche führt über eine Brücke.
- ◯ Black Beautys Besitzer reitet in der Geschichte auf ihm.

/2

7 **Finde diese Zeilen in der Geschichte und unterstreiche sie in der passenden Farbe.**

Die hohen Räder des Jagdwagens, den ich ziehen musste, rollten leicht.

Da waren mein Herr und John natürlich froh.

Dann führten mein Herr und John eine ernste Unterhaltung.

/3

8 **Was, sagt der Herr, hat Gott den Menschen und was den Tieren gegeben. Schreibe einen ganzen Satz.**

/2

9 **Wie reagiert der Herr, als das Pferd nicht über die Brücke gehen will?**

/2

10 **Warum dürfen John, der Herr und das Pferd nicht über die Brücke gehen? Erkläre in eigenen Worten.**

/2

11 **Was war Black Beautys Belohnung nach diesem Abenteuer?**

/2

12 **Was denkst du: Wird Black Beautys Besitzer ihn in Zukunft anders behandeln? Erkläre und begründe.**

/2

Von 22 Punkten hast du ______ erreicht.

Lies dir deine Antworten noch einmal genau durch und verbessere, wenn nötig.

Rechtschreiben

Das Alphabet

Wenn du Wörter in einem Wörterbuch oder Lexikon nachschlagen willst, musst du wissen, wie sie nach dem Alphabet (Abc) geordnet werden. Hier zählt zuerst der erste Buchstabe. Sollte der Anfangsbuchstabe gleich sein, musst du den zweiten Buchstaben vergleichen und so weiter.

Affe – Bär – Chamäleon – Dromedar – Esel – Ferkel
Ananas – Apfel – Aprikose – Avocado

Groß- und Kleinschreibung

Nomen (Namenwörter) schreibst du **groß**. Alle anderen Wortarten schreibst du in der Regel klein. Du erkennst Nomen daran, dass du einen Artikel (Begleiter) und ein Adjektiv (Wiewort) davorsetzen kannst.

Maus – **die** Maus – **die winzige** Maus   Spaß – **ein** Spaß – **ein großer** Spaß

Bei zusammengesetzten Wörtern legt das hinterste Wort (Grundwort) die Wortart fest. Ist das Grundwort ein Nomen (Namenwort), so schreibst du auch das zusammengesetzte Wort groß. Ansonsten schreibst du es klein.

Jagd**hund**   aber: hunde**müde**

In Briefen oder E-Mails werden die höflichen Anredefürwörter **Sie**, **Ihnen**, **Ihr**, **Ihre**, **Ihrem**, **Ihren**, **Ihres** großgeschrieben. Die persönliche Anrede mit **du/Du**, **dein/Dein** kann hier sowohl klein- als auch großgeschrieben werden.

Sehr geehrter Herr Radic, vielen Dank für **I**hren Brief. Ich freue mich, wenn ich **S**ie kennenlernen darf …

Liebe Mama! Ich habe **d**ich/**D**ich sehr lieb.

Groß schreibt man immer auch am **Satzanfang**, also nach einem Punkt, Ausrufe- oder Fragezeichen.

Welcher Tag ist heute? **H**eute ist Montag. **O**h nein! **I**ch habe mein Turnzeug vergessen.

ä oder e, äu oder eu

Viele Wörter mit **ä** oder **äu** kannst du von einem verwandten Wort mit **a** oder **au** ableiten.

Angst – **ä**ngstlich, **A**rzt – **Ä**rztin, Bl**a**tt – Bl**ä**tter, M**au**s – M**äu**se, l**au**fen – er l**äu**ft

Findest du kein verwandtes Wort schreibst du in der Regel **e** bzw. **eu**.
Allerdings gibt es auch hier ein paar Ausnahmen, die du lernen musst.

K**ä**se, L**ä**rm, M**ä**rz, K**ä**fer, S**äu**le

Doppelte Konsonanten (Mitlaute)

Folgt nach einem kurzen Vokal (Selbstlaut) nur ein Konsonant (Mitlaut), so wird dieser in der Regel verdoppelt. Unterscheide:

de**nn** – den, o**ff**en – Ofen, Scha**ll** – Schal

Auslautverhärtung

Am Ende von Wörtern klingt **b** oft wie **p**, **d** wie **t** und **g** wie **k**. Durch das Verlängern der Wörter kannst du den richtigen Laut hören und das Wort richtig schreiben.
Bei **Nomen** hilft es dir, die **Mehrzahl** zu bilden, bei **Verben** die **Grundform** und bei **Adjektiven** die **Höherstufe**.

Hand – Hän-**d**e, Steg – Ste-**g**e, habt – ha-**b**en, springt – sprin-**g**en, lieb – lie-**b**er

ck, tz

Auch **ck** und **tz** folgen nach kurzen Vokalen (Selbstlauten).

Ru**ck**sa**ck**, verste**ck**en, glü**ck**lich   Sa**tz**, he**tz**en, plö**tz**lich

Silbentrennendes h

Beim **silbentrennenden h** hilft es, die Wörter deutlich in Silben zu sprechen.
Dadurch wird das **h** hörbar.

blü-**h**en, dre-**h**en, Schu-**h**e, Nä-**h**e

Dehnungs-h

In vielen Wörtern steht nach einem betonten lang gesprochenen Vokal (Selbstlaut) ein **Dehnungs-h**. Das Dehnungs-h steht oft vor l, m, n und r.

Fe**h**ler, Ra**h**men, wo**h**nen, bo**h**ren

s-Laute

Nach einem kurzen Vokal (Selbstlaut) schreibst du meistens **ss**.
Flu**ss**, Ki**ss**en, bla**ss**, fa**ss**en
Nach einem langen Vokal (Selbstlaut), einem Umlaut (ä, ö, ü) oder einem Doppellaut (au, ei, eu) folgt oft **ß**.
Stra**ß**e, grü**ß**en, drau**ß**en

ie

Die meisten Wörter, bei denen du ein langes i hörst, schreibst du mit **ie**.
B**ie**ne, Sch**ie**ne, Sp**ie**gel, v**ie**r, l**ie**b
Es gibt nur wenige Ausnahmen, die du einfach lernen musst.
Masch**i**ne, **I**gel, Mediz**i**n, T**i**ger, Benz**i**n, K**i**no

Doppelter Vokal (Selbstlaut)

In manchen Wörtern wird der lang gesprochene Vokal (Selbstlaut) a, e, o verdoppelt. Diese Wörter musst du dir merken.	
S**aa**l, H**aa**re, M**ee**r, l**ee**r, B**oo**t, Z**oo**	
Unterscheide **P**aar (= genau zwei) und **p**aar (= einige, mehrere).	
ein **Paar** Socken (= zwei passende Socken)	ein **paar** Bonbons (= einige Bonbons)

Wörter mit ks-Laut

Wörter mit dem ks-Laut musst du dir gut merken, da du sie immer verschieden schreibst. Du schreibst **x**, **ks**, **cks**, **chs** oder **gs**.
Ta**x**i, Ke**ks**, Kle**cks**, wa**chs**en, du flie**gst**

Wörter mit V/v

Wörter mit **V/v** musst du dir merken. **V** kann wie **f** oder wie **w** klingen.	
Vogel (v klingt wie f)	**V**ideo (v klingt wie w)
Merke dir gut die Vorsilben **Ver-/ver-** und **Vor-/vor-**, die du immer mit **V/v** schreibst. Achtung: **fer** in **fertig** oder **Fer** in **Ferkel** sind keine Vorsilben.	
Verbrauch, **ver**lieren, **Vor**fahrt, **vor**lesen	

Wortfamilien und Wortbausteine

Die Wörter einer **Wortfamilie** haben denselben **Wortstamm**. Hierbei können sich auch die Vokale (Selbstlaute) im Wortstamm verändern.
fliegen – **Flug**zeug – ge**flog**en – **Flieg**er – ab**flieg**en – er **flieg**t – **Flug**reise – **flieg**end
Durch **Wortbausteine** (Vorsilben und Nachsilben) kann man Wörter in ihrer Wortart oder in ihrer Bedeutung verändern.
Sturm – stürm**isch**, wohnen – Wohn**ung**, singen – **Ge**sang, spät – **Ver**spät**ung**
nehmen: Medizin **ein**nehmen, sich gut **be**nehmen, einen Zeugen **ver**nehmen

Trennung

Im Normalfall werden Wörter nach Sprechsilben getrennt.
Ra-ke-te, Ba-na-ne, Gar-ten, re-den
Einzelne Vokale (Selbstlaute) dürfen nicht abgetrennt werden. Das bedeutet, dass man manche Wörter nicht trennen kann.
Uhu, Oma, Ra-dio, Amei-se
Stehen mehrere Mitlaute hintereinander, kommt der letzte zur neuen Silbe.
Bril-le, Fens-ter, Ap-fel, Ton-ne
Achtung: **ck**, **ch** und **sch** darfst du nicht trennen. Sie gelten als ein Laut. Folgt nach ihnen ein Vokal (Selbstlaut) gehören sie zur neuen Silbe.
Ja-cke, fi-schen, spre-chen, aber: Fich-te, glück-lich
Zusammengesetzte Wörter werden an der Nahtstelle bzw. Wortgrenze getrennt. Auch Vor- und Nachsilben werden abgetrennt.
Ost-see, ver-zwei-feln, Ge-sund-heit, Re-gen-schirm

Die wörtliche Rede

Alles, was jemand sagt, fragt oder denkt, muss in Redezeichen gesetzt werden. Der **Begleitsatz** kann **vor**, **nach** oder **zwischen** der wörtlichen Rede stehen. Achte darauf: Bei einem nachgestellten Begleitsatz entfällt der Punkt beim Satz der wörtlichen Rede.
Mia fragt: „Wie spät ist es?“ Paul antwortet: „Schon halb acht.“ Mia ruft: „Schnell, wir müssen los!“
„Wie spät ist es?“, fragt Mia. „Schon halb acht“, antwortet Paul. „Schnell, wir müssen los!“, ruft Mia.

15. Abc und einfache Wörter

1 Welche Buchstaben fehlen? Ergänze das Rückwärts-Alphabet.

Z ___ X W V U T ___ ___ Q P ___ N M L ___ J I H G F ___ D C B A

/3

2 Welchen Platz haben diese Buchstaben im Abc? Nummeriere sie.

B → 2 D → ___ Q → ___ A → ___ V → ___ K → ___

W → ___ O → ___ H → ___ S → ___ U → ___

/5

3 Betrachte immer eine Spalte und nummeriere die Wörter nach ihrer Reihenfolge im Alphabet.

☐	oft	☐	hier	☐	Spaß	☐	abends
☐	Blume	☐	stolz	☐	Wasser	☐	süß
☐	Haufen	☐	Sturz	☐	Ziel	☐	frösteln
☐	Boot	☐	bauen	☐	Baustelle	☐	ist
☐	kurz	☐	Kreuz	☐	quer	☐	Fuß
☐	lieb	☐	Marzipan	☐	Eiche	☐	Schule

/12

4 Ordne die Wörter nach dem Abc, dann erhältst du Sätze. Schreibe die richtigen Sätze darunter.

geht Adam heute Nora mit spielen

gerne Casi frisst riesige Zucchini Affe

/6

5 **Die Monsterkinder sollen sich nach ihrem Namen in alphabetischer Reihenfolge hinsetzen. Verbinde die Kinder unten mit dem richtigen Platz.**

Blumo | | Mimo | | |

Pumo Brimo Stemo Schlamo

/4

6 **Welches Wort steht vor dem anderen im Wörterbuch? Unterstreiche es jeweils.**

fertig / verlieren	Bär / Biene	Sparschwein / Sparstrumpf
Mutter / Mama	Markt / Marke	Holzstück / Holzschuh

/6

7 **Schreibe die Wörter zu den Bildern.**

/10

Von 46 Punkten hast du ______ erreicht.

Überprüfe noch einmal deine Ergebnisse und verbessere, wenn nötig!

16. Groß- und Kleinschreibung

1 **Bilde zusammengesetzte Wörter. Entscheide, ob du groß- oder kleinschreiben musst.**

schreiben + Tisch → ____________

weit + Sprung → ____________

Butter + weich → ____________

wechseln + Wäsche → ____________

Schnee + weiß → ____________

offen + stehen → ____________

Kohle + Rabe + schwarz → ____________

schlafen + Zimmer + Tür → ____________

☐ /8

2 **Unterstreiche alle Nomen (Namenwörter) in der folgenden Wörterkette.**

glügurkejurklgeburtkinfiöojungwefilmsafldaeckeopsskspielklpü

▶ **Schreibe nun alle unterstrichenen Nomen mit Artikel (Begleiter) auf.**

____

____

☐ / 5

3 **Trenne die Wörter der Satzschlange mit Strichen und schreibe den Text richtig darunter. Achte besonders auf die Groß- und Kleinschreibung!**

JOHNUNDSEINHUNDREXERLEBENZUSAMMENABENTEUER.

____

____

☐ /4

johnstürztsichsofortaufjedesrätselundlöstallegeheimnisseschnell.

____

____

____

☐ / 6

4 **Entscheide, ob du die Wörter groß- oder kleinschreiben musst. Kreise immer den passenden Buchstaben ein.**

Es war ein s/Schöner s/Sonntagmorgen. j/John und sein h/Hund r/Rex m/Machten einen s/Spaziergang. Auf einmal sah j/John ein b/Baumhaus auf einer h/Hohen b/Birke. Er b/Band r/Rex an einem a/Ast fest und k/Kletterte die b/Baumhausleiter hoch. Als er o/Oben war, e/Entdeckte er einen h/Hebel neben der t/Tür. Er d/Drückte ihn herunter. Da öffnete sich unten im b/Baum eine g/Geheimtür. j/John k/Kletterte herunter und s/Sah einen r/Riesengroßen b/Berg g/Gold. Er f/Füllte seinen r/Rucksack mit dem s/Schatz.

☐ / 16

5 **Erkläre, warum du die** so gedruckten Wörter **im Text oben großschreiben musst.**

☐ /1

6 **Entscheide, ob du die Wörter groß- oder kleinschreiben musst. Kreise immer den passenden Buchstaben ein.**

Sehr geehrter Herr Direktor Wanninger,

ich hätte einen Vorschlag an s/Sie. Könnten wir nicht nächstes Jahr eine Rätsel-Arbeitsgemeinschaft an unserer Schule einführen? Ich hätte auch schon eine Idee, wer s/Sie leiten könnte. Ich könnte i/Ihnen da einen großen Experten auf dem Gebiet des Rätsellösens empfehlen. Geheimschriften, Irrwege, Schatzsuchen, s/Sie alle sind sein Spezialgebiet.

Was meinen s/Sie dazu? Könnten s/Sie sich solch eine AG vorstellen?

Ich freue mich auf i/Ihre Antwort und schicke i/Ihnen rätselhafte Grüße

John

☐ / 4

Von 44 Punkten hast du ______ erreicht.

17. Umlaute

1 Bilde jeweils die Mehrzahl mit Artikel (Begleiter).

das Horn →		das Bad →	
der Sturm →		der Zaun →	
der Pass →		die Laus →	

/6

2 Schreibe erst das passende Wort zum Bild. Ergänze dann ein verwandtes Wort, das dir beim richtigen Schreiben hilft.
Wenn du keines findest, mache einen Strich.

	Wort	verwandtes Wort
	Eule	—
	Blätter	Blatt

/6

3 Fülle die Lücken passend aus.

Grundstufe	Höherstufe	Höchststufe
groß		
	härter	
hoch		
nah		

/4

4 Ergänze die Wörter richtig mit ä oder e, äu oder eu.

M___dchen	h___te	bed___ten	verd___chtig
K___fig	l___stig	h___fig	Marienk___fer
zuf___llig	h___rzlich	H___ft	___rgerlich

/6

5 Setze die Verben (Tunwörter) in der passenden Personalform in die Sätze ein.

backen – fahren – laufen – waschen – erraten

a) Meine Freundin Lilli ________ mit dem Rad in die Schule.

b) Ich habe Schnupfen. Meine Nase ________.

c) Zu meinem Geburtstag ________ Mama mir einen Kuchen.

d) Was die Überraschung ist, ________ du nie!

e) Sergen ________ sich vor dem Essen die Hände.

/5

6 Streiche die 7 Wörter durch, die falsch geschrieben sind. Schreibe diese Wörter richtig in die Zeilen darunter.

Der braune Hahn flitzt schnell aus dem Hühnerstall heraus. Da leuft das schwarze Ketzchen Fanni gerade vorüber hinter zwei Meusen her. Fanni ist noch klein, doch wenn sie größer ist, wird sie ein toller Jeger. Aber jetzt hengen die kleinen Nager die Katze ab und verschwinden zwischen den Beumen im Wald. Hier auf dem Bauernhof gibt es viele Tiere, viel mehr als in den Stedten.

____

____

/7

Von 34 Punkten hast du _____ erreicht.

Fertig! Kontrolliere noch einmal genau und lass dir auch das Diktat auf Seite 67 diktieren!

18. Doppelter Konsonant (Mitlaut), s/ss/ß

1 **Markiere die blauen Vokale (Selbstlaute) mit einem Punkt (•), wenn sie kurz, und mit einem Strich (–), wenn sie lang sind.**

a) „Mit Mutti bist du immer mutig!“, brüllt Felix wütend.

b) In der Hütte lagen viele verschiedene Hüte auf dem Boden verteilt.

c) Anstatt mit der Bürste kam die Frisörin jetzt mit dem Kamm zum Spiegel.

d) „Du weißt doch, wen du fragen sollst, wenn du Probleme hast“, sagt Papa.

e) Lass bitte nicht immer die Ofentür offen. Das verbraucht so viel Strom.

f) Auf Alexas neuer Bettwäsche ist ein buntes Blumenbeet.

☐ /7

2 **Reime und trenne die Wörter.**

brennen	ren - nen	tr
Spanne	K	T
wissen	Kis - sen	schm
prallen	f	Kr

☐ /3

3 **Welches Wort passt zum Bild? Kreise immer das richtige Wort ein.**

Füller – Fühler

Hölle – Höhle

Miete – Mitte

Schiff – schief

☐ /4

4 **Doppelter oder einfacher Konsonant (Mitlaut)? Fülle die Lücken.**

Wenn im So____er Blu____en auf der Wie____e blühen, mu____ ich oft nie____en. Trotzdem mag ich diese Jahreszeit. Nur bei Gewi____er mit Blitz und Do____er habe ich Angst und muss zi____ern. Doch wenn dann die So____e wieder scheint, ist die Angst gleich wieder schne____ verge____en.
Doch in der Schu____e fällt es mir sehr schwer, sti____ im Kla____enzi____er zu sitzen. Ich freue mich auch, wenn wir pa____ende Lieder si____gen oder Bilder ma____en.

☐ /9

5 **Erkläre: Wann folgt auf einen Vokal ein doppelter Konsonant?**

____

____

/1

6 **Bilde die Einzahl und Mehrzahl mit s oder ss.**

Einzahl	Mehrzahl	Einzahl	Mehrzahl
Ku___		Gla___	
Gra___		Walnu___	
Ri___		Pa___	
Prei___		Kek___	

/8

7 **Setze in die Lücken s, ss oder ß ein.**

Ge___tern habe ich drau___en am Flu___ gespielt. Al___ ich wieder in unsere Stra___e kam, vermi___te ich meinen Schlü___el. Oder hatte ich ihn schon zuhause verge___en? Da Mama im Hau___ war, mu___te ich ja nicht abschlie___en.

Puh, da hing er, an unserem wei___en Schlü___elbrett. Mir fiel ein rie___en Stein vom Herzen. Auf die___en Schreck schmeckte mir Mamas sü___er Ob___tkuchen gleich noch viel be___er. Ich schnitt mir ein Stück mit dem Me___er ab und bi___ erleichtert hinein.

/10

Von 42 Punkten hast du ______ erreicht.

Überprüfe noch einmal deine Ergebnisse!
Hast du dir auch schon das passende Diktat
auf Seite 67 diktieren lassen?

19. Dehnungs-h (Kurztest)

1 Schreibe die passenden Wörter zu den Bildern.

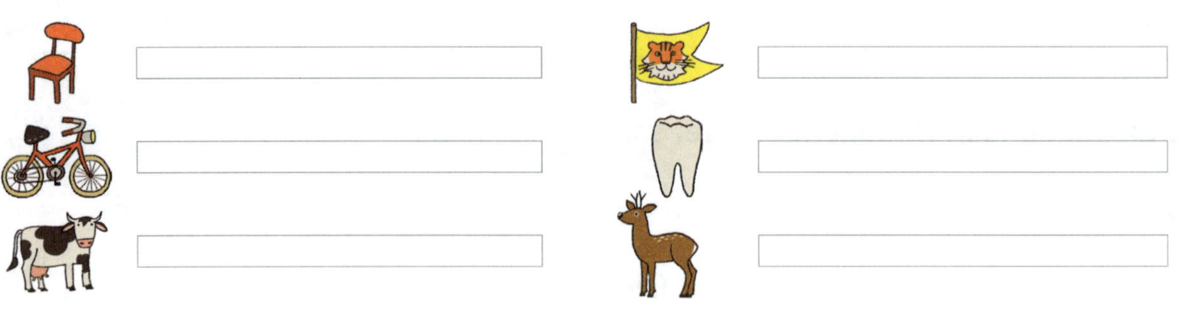

/6

2 Ergänze die Wörter im Text.

Das ist Furkan, er ______ seit Anfang des Jahres in unserer Straße. Ich kenne ______, weil er in meine Schule ______ und jeden Morgen mit mir im Schulbus zur Schule ______. Obwohl ich Furkan erst sehr kurz kenne, ______ es sich an, als ob wir schon lange Freunde sind.

/5

3 Fülle die Lücken und entscheide: mit oder ohne h?

Ra sen	ihr	o der	Scha l	la m	Bo ne
ze n	rü ren	Ta l	spä t	ne men	To n
Trä ne	blü t	schwe r	soga r	Gewe r	kü l

/8

4 Ersetze die unterstrichenen Wörter durch ein passendes Pronomen (Fürwort).

Ich winke Caro und Hanna zu. → Ich winke ______ zu.

Ich sehe, dass Caros Hund Filo auch dabei ist. → Ich sehe, dass ______ Hund Filo auch dabei ist.

Ich möchte Filo streicheln. → Ich möchte ______ streicheln.

Ich gebe Filo ein Leckerli. → Ich gebe ______ ein Leckerli.

/4

Von 23 Punkten hast du ______ erreicht.

Zu den Kurztests gibt es kein Diktat!

20. Doppelter Vokal (Kurztest)

1 Kreise die Bilder ein, in deren Namen ein doppelter Vokal vorkommt. Schreibe diese Wörter darunter.

______________________________ /3

2 Finde bei den Wortpaaren immer das Wort, das man mit Doppelvokal schreibt. Fülle die Lücken richtig aus.

aa / a	der l____nge S____l	**ee / e**	das f____rne M____r
aa / a	die schw____rze W____ge	**ee / e**	ein l____rer B____cher
oo / o	ein v____ller Z____	**oo / o**	das r____te M____s

/6

3 Löse die Doppelvokalrätsel.

a) Ein Getränk, das Erwachsene gerne zum Frühstück trinken und das wach macht: ______________.

b) Ein langer, dünner Fisch, der fast wie eine Schlange aussieht: ______________.

c) Das wächst auf deinem Kopf. Wenn sie lang genug sind, kannst du dir damit einen Zopf machen: ______________.

d) Ein kleines Schiff, zum Beispiel zum Rudern: ______________.

e) Ein Gewässer, das größer als ein Teich ist, aber viel kleiner als ein Ozean. Im Sommer gehst du dort sicher gerne baden: ______________.

/5

Von 14 Punkten hast du ______ erreicht.

21. ck/tz

1 Welche Wörter schreibst du mit tz oder ck? Kreise ein.

☐ /4

2 Setze passende Wörter mit ck oder k ein.

a) Lilli hat einen Zahn verloren. Jetzt hat sie eine ______.

b) Oma ______ mir warme Socken aus roter Wolle.

c) Ich glaube, es wird bald regnen, die ______ sind schon ganz grau.

d) „Es ist kalt! Zieh dir deine dicke ______ an!", sagt Mama.

e) Die alte Dame sitzt auf der ______ und füttert Tauben.

f) Ich sage Uli tschüss und ______ ihm zum Abschied mit der Hand.

g) Zu Weihnachten ______ meine Mama die besten Kekse.

h) ______ dir dein Pausenbrot gut?

i) Kann ich bitte noch etwas ______ in meinen Tee haben?

☐ /9

3 Setze in folgende Wörter z oder tz richtig ein.

pla___en	Pfü___e	Schwan___	Wur___el
Hi___e	pflan___en	Schmer___	pu___en
schwi___en	je___t	schmu___ig	Verle___ung
Sal___	Ne___	hol___ig	zule___t
tan___en	Pla___	stür___en	tro___ig

☐ /10

4 Trenne diese Wörter richtig mit Strichen.

Speckbrot	Trockner	dicke	Decke
bücken	hetzen	Acker	Stecker
schwatzen	spitzen	spucken	meckern

/6

5 Finde die Reimwörter zu den fettgedruckten Wörtern.

a) Die Katzen **kratzen** mit ihren ______.

b) Du hast **Glück**, ich begleite dich ein ______.

c) Geh auf deinen **Platz** und schreibe diesen ______.

d) Ich mache keinen **Witz**, ich kann rennen wie der ______.

e) Eine kleine **Zecke** sitzt auf unserer ______.

/5

6 Bilde mit den folgenden Wörtern Sätze.

Herr Müller – putzen – Treppe

______

Fritz – spitzen – Bleistift

______

Mama – packen – Koffer

______

/3

Von 37 Punkten hast du ______ erreicht.

Alles geschafft? Kontrolliere nochmals deine Lösungen. Hast du auch schon das Diktat auf Seite 68 geschrieben?

22. i oder ie

1 Finde das Gegenteil.

siegen → ______ Start → ______

Krieg → ______ viel → ______

Zwerg → ______ öffnen → ______

falsch → ______ drücken → ______ /8

2 Tierisch i oder ie? Schreibe zu den Bildern.

/6

3 Gib die richtige Verbform (Tunwortform) an.

stehlen → du

empfehlen → der Lehrer

befehlen → du

sehen → der Junge

geschehen → es

wiehern → das Pferd

/6

4 Fülle die Lücken richtig: i oder ie?

Bucht___tel	Masch___ne	v___rzig	Sp___gel
D___b	hungr___g	T___fe	D___nstag
Br___f	fr___ren	w___chtig	L___be
F___nale	fr___dlich	Med___zin	schw___rig

/8

5 Setze die Verben (Tunwörter) in die 1. Vergangenheit (Präteritum). Achte auf die Schreibweise.

Mara schläft. → ____________________

Otto brät ein Ei. → ____________________

Das Baby schreit. → ____________________

Toni rät richtig. → ____________________

Der Stein fällt. → ____________________

Der Ast treibt. → ____________________

Ayse reitet. → ____________________

Die 3a schreibt. → ____________________

Tufan geht. → ____________________

/9

Von 37 Punkten hast du ______ erreicht.

Geschafft! Falls du es noch nicht gemacht hast, lass dir das passende Diktat auf Seite 68 diktieren!

23. Auslautverhärtung (d/t, b/p, g/k am Ende)

1 **Beschreibe das Bild mit dem Adjektiv und ergänze die richtige Endung d oder t.**

wil____

ro____

frem____

bun____

/8

2 **Finde ein Wort, an dem du erkennst, wie man das gegebene Wort am Ende schreibt.**

Hand		halb	
Schwert		Schild	
Zug		Fabrik	

/6

3 **Ergänze die fehlenden Buchstaben und finde jeweils ein Reimwort.**

d/t	das Rin____	
g/k	der Krie____	
g/k	der Schran____	
b/p	der Die____	
b/p	der Rau____	
g/k	der Zwer____	

/6

4 **Ergänze den richtigen Buchstaben bei folgenden Nomen.**

d oder t? der Hun___ , der Magne___ , der Stran___

b oder p? der Urlau___ , das Gra___ , der Kor___

g oder k? die Ban___ , der Flu___ , die Bur___

/9

5 **Bilde drei zusammengesetzte Nomen mit diesen Wörtern.**

HAND ABEND BALL GELD BEUTEL BROT

/3

6 **Bilde mit Hilfe von Nachsilben die passenden Nomen.**

erleben → ___ gesund → ___

erlauben → ___ ergeben → ___

/4

7 **Fülle die Lücken bei den Verben richtig.**

a) Das Schiff sin___t auf den Meeresgrund.
b) Amelie schrei___t einen Brief.
c) Belinay fol___t der Lehrerin ins Klassenzimmer.
d) Die Klasse kle___t das Blatt ins Heft.
e) Papa sa___te gar nichts mehr.
f) Oma gi___t Cen ein Bonbon.

/6

Von 42 Punkten hast du ______ erreicht.

Überprüfe nochmals deine Lösungen und lass dir auch das Diktat auf Seite 68 diktieren!

24. ks-Laute und Fremdwörter (Kurztest)

1 Setze x, cks, ks, chs oder gs richtig ein.

Amandas neueste Zaubertri____

„Spinnenke____ und rote Se____, wer ist hier die größte He____'?", murmelte Amanda vor sich hin. Lin____ in ihrer Hand hielt sie einen kleinen Fu____ aus Stoff, in der rechten hatte sie das Bild einer Eide____e. „Verfli____t nochmal", keifte sie Ma____, ihren Kater mit den Län____streifen an. „Was sa____t du denn dazu? Mir fällt einfach kein neuer Spruch ein, um Frühlin____wetter zu he____en! Vielleicht muss ich auch meinen Zauberstab mal we____eln."

☐ /14

2 Schreibe zu den Bildern.

☐ /8

Von 22 Punkten hast du ____ erreicht.

Zu den Kurztests gibt es kein Diktat!

25. Wörter mit V/v (Kurztest)

1 Finde die Lösungen der Rätsel.

Die Hälfte von achtzig ist __________.

Ein anderes Wort für Papa: __________.

Die Amsel ist ein __________.

Wenn du krank bist und deine Stirn ganz heiß ist, hast du __________.

Blumen stellt man in eine __________.

Zähne putzen sollst du, __________ du ins Bett gehst.

Ein großes Instrument mit schwarzen und weißen Tasten: __________.

Anderes Wort für Tunwort: __________.

Der elfte Monat im Jahr: __________.

Der böse __________ will im Märchen die Großmutter und das Rotkäppchen fressen.

/10

2 Streiche die falsch geschriebenen Wörter durch und schreibe alle Wörter richtig darunter.

ferkleiden – vorsprechen – verhalten – ferschließen – forkommen –
verhängen – verurteilen – ferstehen – versetzen – forsorgen

/5

3 Welche Regel hilft dir dabei, die Wörter oben richtig zu schreiben?

/2

Von 17 Punkten hast du ______ erreicht.

26. Wortbausteine und Wortstamm

1 **Bilde aus den Adjektiven (Wiewörtern) und Verben (Tunwörtern) mit Hilfe von Wortbausteinen Nomen (Namenwörter).**

sauber → ______	reinigen → ______
drohen → ______	dumm → ______
tapfer → ______	höflich → ______
einsam → ______	dunkel → ______

☐ /8

2 **Bilde mit Hilfe der entsprechenden Wortbausteine Adjektive.**

Gift → ______	Hunger → ______
hoffen → ______	Ehre → ______
Biss → ______	Schreck → ______
Frieden → ______	Angst → ______

☐ /8

3 **Erkläre, wie du überprüfen kannst, dass du schmutzig mit -ig und heimlich mit -lich schreibst.**

______

______

______

☐ /2

4 **Unterstreiche jeweils den Wortstamm der Wortfamilienwörter.**

Beispiel:	Grünanlage	begrünt	grüner
Fahrbahn	Gefährt	Fahrerin	fuhr
Lehrer	belehren	Lehrbuch	lehrreich
Süßes	süßen	gesüßt	Süßigkeit
Sprungtuch	springen	Springer	gesprungen

☐ /4

5 **Bilde zusammengesetzte Nomen. Schreibe sie mit Artikel (Begleiter) auf. Verwende jedes Wort nur einmal.**

Beispiel: Erdbeere + Kuchen = der Erdbeerkuchen

Nagel – Apfel – Kartoffel – Bahn – Finger – Nest – Ball
Vogel – Hof – Brei – Fuß – Baum

/6

6 **Kreise eindeutig ein: Wortstamm → rot, Vorsilbe → grün, Nachsilbe → blau.**

u m s t e l l e n   T ä n z e r   V e r b r e c h e r   b e s t e l l t

/4

7 **Kannst du mit Hilfe von Vorsilben die Verben verändern? Finde jeweils zwei zu jedem Verb.**

schreiben:

nehmen:

sagen:

/6

Von 38 Punkten hast du ______ erreicht.

Achtung:
Zu diesem Test
gibt es kein Diktat!

27. Wörtliche Rede (Kurztest)

1 Kreuze die richtigen Aussagen an.

◯ Am Schluss der wörtlichen Rede setze ich die Anführungszeichen oben.
◯ In der wörtlichen Rede steht nie ein Fragezeichen.
◯ Die Anführungszeichen kann man bei der wörtlichen Rede auch weglassen.
◯ Nach dem vorangestellten Redebegleitsatz steht ein Doppelpunkt.

☐ /2

2 Verbinde die Redebegleitsätze und die wörtlichen Reden passend.

Tanja jubelt: ●	● Ich gehe jetzt ins Bett.
Haltet den Dieb! ●	● schimpft Leyla zornig.
Papa schlägt vor: ●	● Wir haben ein Tor geschossen!
Mama gähnt: ●	● ruft der Polizist aufgeregt.
Das ist wirklich fies! ●	● Komm, wir gehen auf den Spielplatz!

☐ /5

3 Schreibe nun die Sätze von Aufgabe 2 mit den passenden Redezeichen auf.

☐ /5

Von 12 Punkten hast du ______ erreicht.

Zu den Kurztests gibt es kein Diktat!

28. Fit für die 4. Klasse?

1 **Schreibe jeweils das passende Wort unter das Bild.**

/9

2 **Bilde mit Hilfe der Bilder zusammengesetzte Nomen (Namenwörter).**

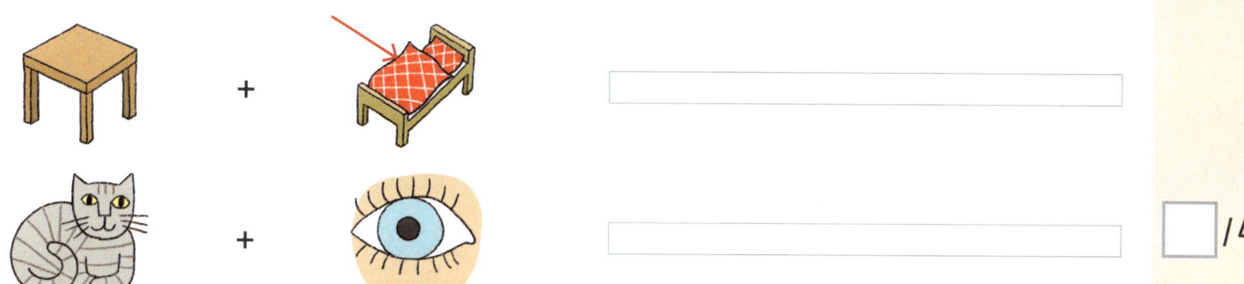

/4

3 **Der folgende Text enthält 12 Fehler. Unterstreiche die Fehler im Text und schreibe ihn noch einmal auf deinen Block richtig ab.**

Der Igel

Es gibt ungefär 25 Arten von Igeln. Bei uns sind der braunbrustigel und der Weisbrustigel am bekanntesten. Die Tiere könen 10 bis 40 cm lang und bis zu zwei Kilo schwer werdn. Das Fell des Igels bildet am Rüken 6000 bis 8000 Stacheln. Diese helfen ihm, sich vor Feinden zu schüzen und kleine Stürze zu überstehen. Igel leben meist in einem bau. Sie sind am abend und in der Dämmerung aktiv und fresen Insekten, Larven und Würmer. Feindes des Igels sind Fuchs, Dax und Uhu, aber vor allem auch die Menschen mit ihren Autos.

/12

Von 25 Punkten hast du ______ erreicht.

29. Fit für die 4. Klasse?

1 **Schreibe jeweils das passende Wort unter das Bild.**

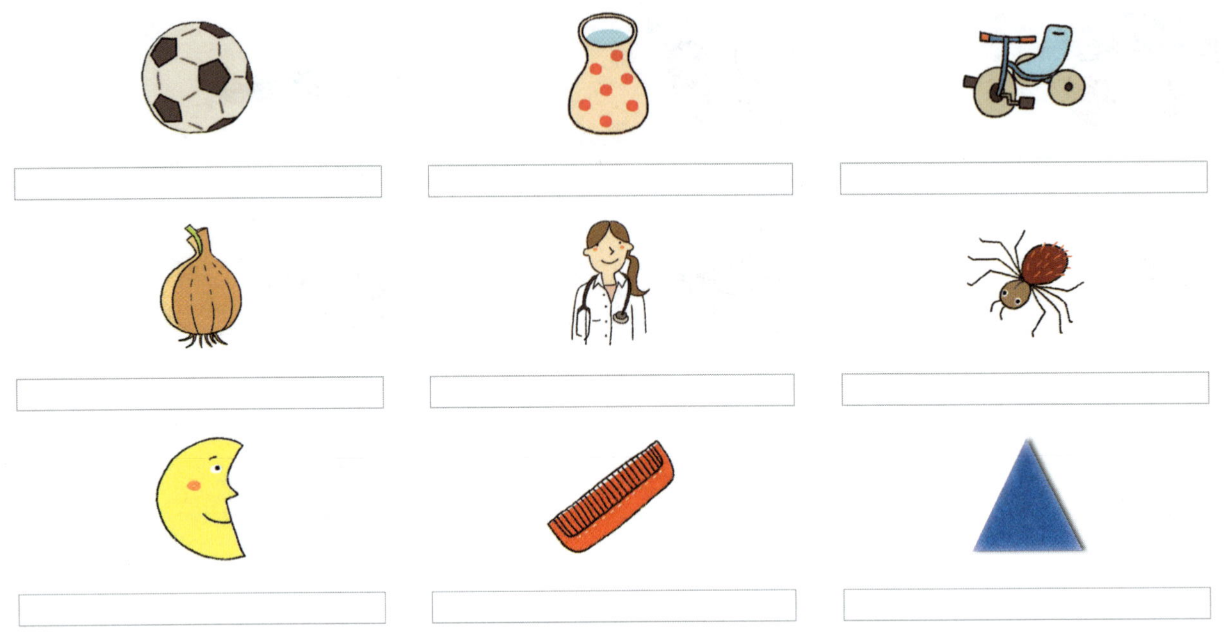

/9

2 **Bilde mit Hilfe der Bilder zusammengesetzte Nomen (Namenwörter).**

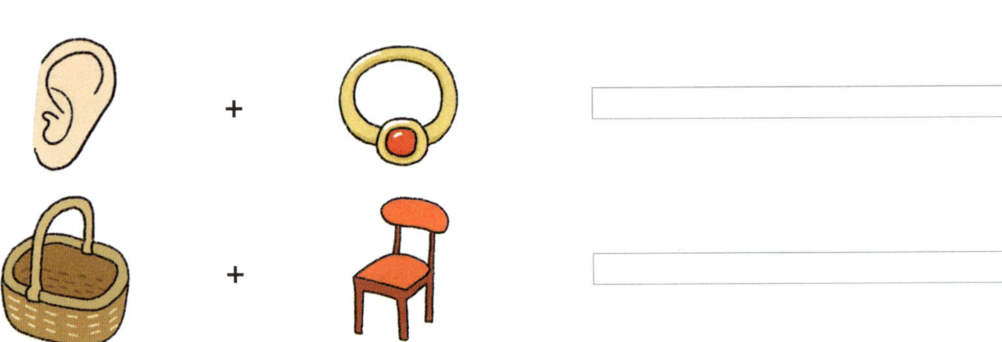

/4

3 **Der folgende Text enthält 12 Fehler. Unterstreiche die Fehler im Text und schreibe ihn noch einmal auf deinen Block ab.**

Ein schöner Sommertag

Gestern furen wir mit unserem auto an einen See. Es war schönes Weter und die Sonne strahlte. Meine Schwester und ich wolten schwimmen gehen. Das Wasser war aber noch sehr Kalt. Wir stekten nur die Füsse hinein. Dann liefen wir auf der Wise herum und kletterten auf einige Beume. Am Ende bauten wir aus Stöken noch ein kleines Heuschen und fersteckten uns darin. Mama und Papa lasen ein Buch und genossen die Sonne.

/12

Von 25 Punkten hast du ______ erreicht.

Diktate

Zu manchen Rechtschreibtests gibt es ein passendes Diktat. Die Note des Tests sowie die Note des Diktates werden zusammengezählt und durch 2 geteilt, um eine Gesamtnote zu erhalten. Bei den Diktaten zählt jedes falsch geschriebene Wort als ein Fehler, mehrere Fehler in einem Wort werden als ein Fehler gezählt. Wird ein Wort zum zweiten Mal falsch geschrieben, zählt es nicht mehr als Fehler.

Notenschlüssel

Fehler	0-2	3-4	5-7	8-10	11-13	ab 14
Note	1	2	3	4	5	6

Diktat Großschreibung

Test 16
Seite 46

Der **Mathetest**
Als ich gestern in die **Schule** kam, rannte mir meine **Freundin Maria** ganz aufgeregt entgegen und fragte, ob ich **Mathe** geübt hätte. **Maria** hatte **Angst**, dass wir einen **Test** schreiben, aber die anderen **Kinder** glaubten das auch nicht. **Frau Maler**, unsere **Lehrerin**, lächelte nur, als sie **Marias Aufregung** bemerkte und meinte, sie könne ja ausrechnen, wie lange wir auf den **Spielplatz** bräuchten. **Dort** würden wir nämlich jetzt hingehen. **Da** war **Maria** erleichtert. **Und** die **Klasse** jubelte. (78 Wörter)

Diktat Umlaute

Test 17
Seite 48

Ändert sich unser Wetter?
In Deutschland, aber auch in ganz Europa bringen uns die Winter der letzten Jahre weniger **Kälte** und Schnee. Aber noch etwas **fällt** auf. Schwere **Stürme** werden **häufiger**, die sogar oft **Bäume** entwurzeln oder Stromleitungen **beschädigen**. **Wärmere** Sommer sind **für** uns zwar **schön**, aber diese Folgen sind **gefährlich**. Hohe **Niederschläge** verursachen **Schäden** für die Landwirte und auch **Bäume** und **Sträucher** leiden bei diesem Wetter. Wenn sich das Wetter **über** eine **längere** Zeit **verändert**, **müssen** Wissenschaftler versuchen, die **Gründe dafür** zu **klären**. (84 Wörter)

Diktat Doppelter Konsonant/s-Laute

Test 18
Seite 50

Besuch bei den **Großeltern**
Vanessa darf in den **Sommerferien alleine** mit dem Zug zu Oma und Opa nach **Hessen** fahren. **Besonders** gerne mag **Vanessa es**, **wenn Großvater spannende** Geschichten erzählt. **Außerdem** freut sie sich auf Ali, der in der nächsten **Straße** wohnt. Er hat viele **interessante** Bücher und eine geheime Schublade mit **Süßigkeiten**, von denen sie **immer etwas** naschen. **Das muss** Oma nicht **wissen**, denn sie **will**, **dass Vanessa** gesund **isst**. (71 Wörter)

Diktat ck/tz

Test 21
Seite 54

Was tut sich in der **Backstube**?
Bäcker Fritz ist schon **jetzt** in seiner **Backstube**, obwohl es erst **kurz** vor zwei Uhr nachts ist. Er schüttet **Zutaten** zusammen, **schmeckt** ab und schreibt in sein **Notizbuch**. Neben ihm liegen **herzförmige** Ausstecher. **Jetzt kratzt** er den Teig aus und **drückt** ihn **ganz** flach. Dann sticht er die **Plätzchen** aus. Nun werden sie **gebacken** und **zuletzt verziert**. **Fritz schwitzt,** aber **jetzt** muss er die **Plätzchen** nur noch schön **verpacken** und fertig sind seine **Weihnachtsgeschenke**. (80 Wörter)

Diktat i/ie

Test 22
Seite 56

Winterfutter im Waldboden
Wenn man **im** Herbst leise **im** Wald wartet, **sieht** man **viele** Eichhörnchen. **Die** kleinen **Nagetiere** sorgen für den **Winter** vor und verstecken **viele Leckerbissen** rund um **ihren** Bau, bevor der Boden **gefriert**. Sie vergraben **ihre** Beute an den **verschiedensten** Orten und **einiges** davon **finden sie nie wieder**. Aber das **ist nicht schlimm. Die** kleinen **Tiere** verstecken so **viel**, dass **sie immer** genug **finden**. Und aus dem Rest **sprießen** im **Frühling** neue Pflanzen.
(75 Wörter)

Diktat Auslautverhärtung

Test 23
Seite 58

Im **Wald**
Klaus fährt mit seinem **Freund** Achim mit dem **Fahrrad** in den **Wald**. Dort ist die **Gegend spannend und** interessant. Am **liebsten** spielen die Jungen dort Verstecken oder bauen etwas. Als sie einmal ganz **ruhig** waren, haben sie auch schon **Waldtiere** beobachtet. Die Lebewesen im **Wald sind** alle **wild** und scheu. **Deshalb** dürfen Klaus und Achim sie auch nicht zu sehr stören. Manchmal reitet ihr **Klassenkamerad** Urs auf seinem **Pferd** vorbei und **winkt** den beiden mit der **Hand**. Nach ihrem **Waldausflug** erzählt Achim seiner Mama, was er alles **erlebt** hat. (91 Wörter)